纸中敦煌

《纸中敦煌：甘肃教育出版社敦煌与丝绸之路文化精品图书影像》

纸中敦煌

甘肃教育出版社
敦煌与丝绸之路文化精品图书影像

王光辉　主编　　薛英昭　副主编

ZHIZHONG DUNHUANG

“丝绸之路三千里，华夏文明八千年。”

在甘肃这片古老神奇的土地上，

孕育形成了始祖文化、黄河文化、丝绸之路文化、敦煌文化、民族文化……

读者出版传媒股份有限公司
甘　肃　教　育　出　版　社

图书在版编目（CIP）数据

纸中敦煌：甘肃教育出版社敦煌与丝绸之路文化精品图书影像 / 王光辉主编. -- 兰州：甘肃教育出版社，2017.8

ISBN 978-7-5423-4144-0

Ⅰ. ①纸… Ⅱ. ①王… Ⅲ. ①敦煌学—图书出版—出版工作—介绍—甘肃②丝绸之路—文化史—图书出版—出版工作—介绍—甘肃③敦煌学—电子出版物—出版工作—介绍—甘肃④丝绸之路—文化史—电子出版物—出版工作—介绍—甘肃 Ⅳ. ①G239.274.2

中国版本图书馆CIP数据核字（2017）第181883号

纸中敦煌：甘肃教育出版社敦煌与丝绸之路文化精品图书影像

王光辉 主编 薛英昭 副主编

出 版 人 王永生
责任编辑 何佩佩
封面设计 石 璞
版式设计 魏 婕 陈晓燕

出 版 甘肃教育出版社
社 址 兰州市读者大道568号 730030
网 址 www.gseph.cn E-mail gseph@duzhe.cn
电 话 0931-8773136（编辑部） 0931-8773056（发行部）
传 真 0931-8773255
淘宝官方旗舰店 http://shop111038270.taobao.com

发 行 甘肃教育出版社 印 刷 深圳市泰和精品印刷有限公司
开 本 787毫米×1092毫米 1/16 印 张 10 插 页 1 字 数 200千
版 次 2017年11月第1版
印 次 2017年11月第1次印刷
印 数 1～1 000
书 号 ISBN 978-7-5423-4144-0 定 价 65.00元

敦煌的故事，从这里为您讲述……

纸中敦煌

ZHIZHONG DUNHUANG

敦煌，位于甘肃丝绸之路黄金段河西走廊的最西端。千百年来，中国、印度、希腊、伊斯兰文化在这里激烈碰撞，催生了色彩斑斓、魅力独特的敦煌文化之花……

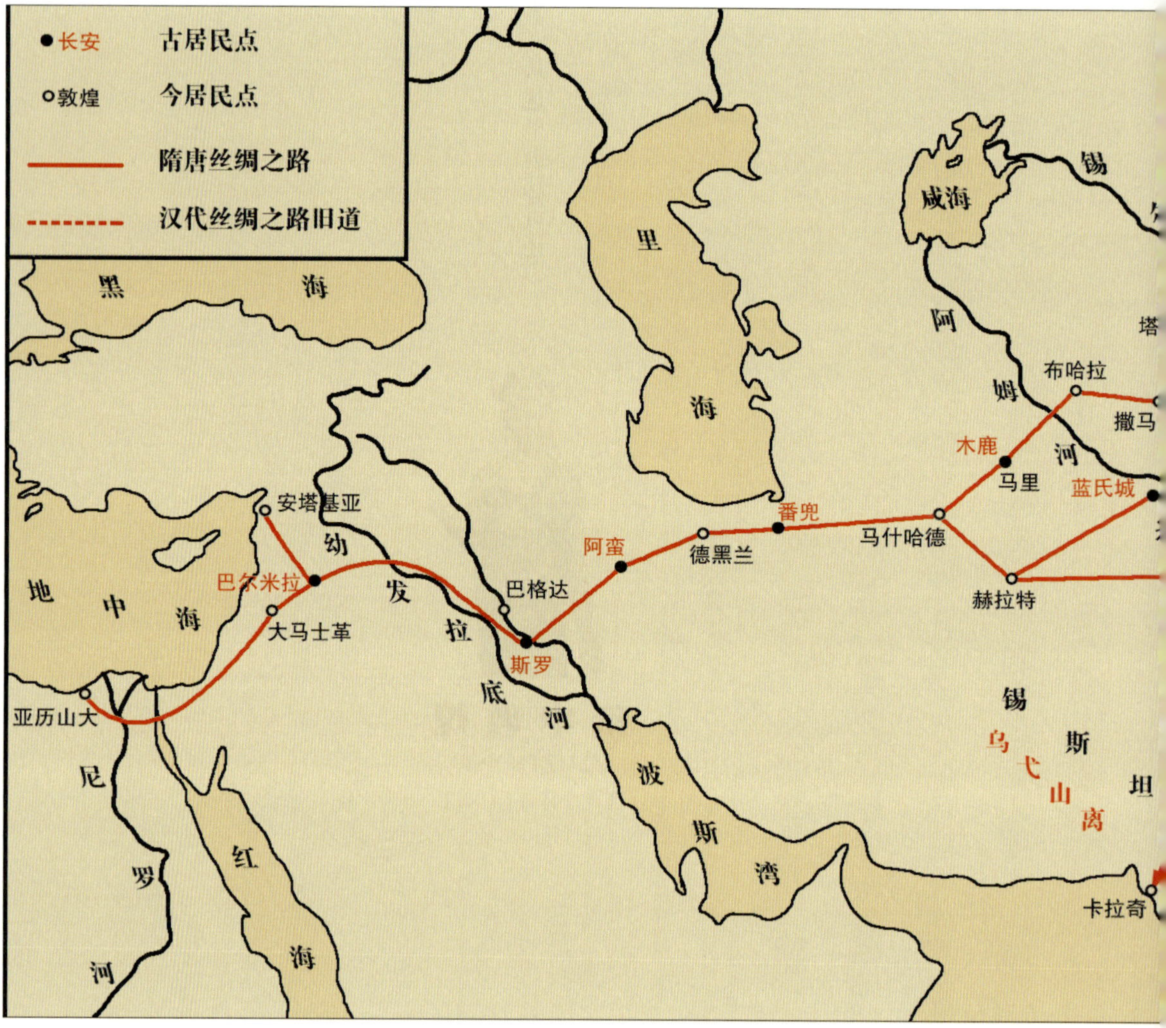

古丝绸之路的辉煌繁荣，成就了丝绸之路黄金段——河西走廊最西端一处东西方文化交流的圣地。在这片圣土上，莫高窟、藏经洞、敦煌学等一个个享誉世界的名字在人类文化史上必将永远唱响。它们属于敦煌！属于全人类的敦煌！

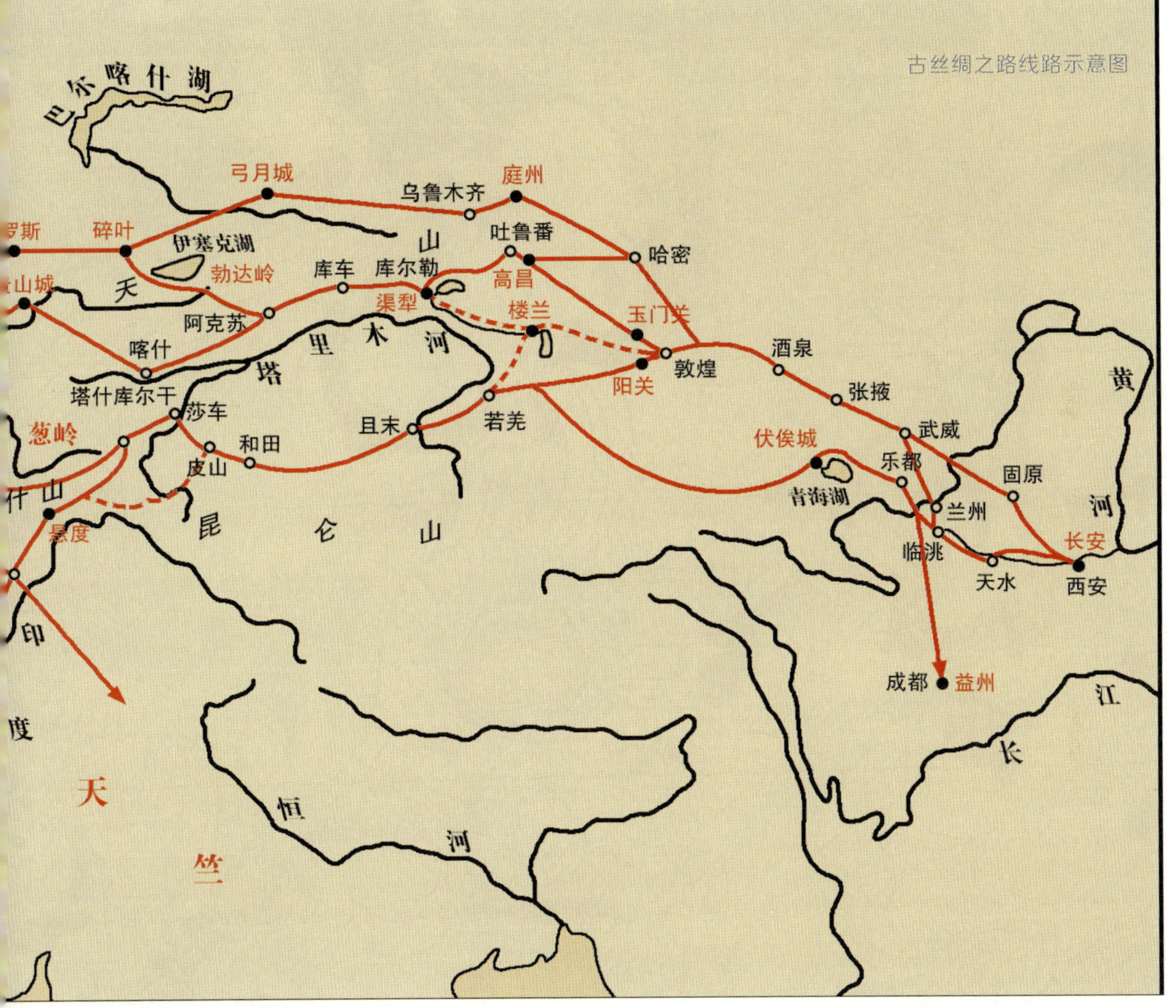
古丝绸之路线路示意图
巴尔喀什湖
弓月城
乌鲁木齐
庭州
罗斯
碎叶
伊塞克湖
勃达岭
天
山
吐鲁番
哈密
高昌
库车
库尔勒
渠犁
楼兰
玉门关
山城
阿克苏
喀什
塔
里
木
河
敦煌
阳关
酒泉
张掖
武威
塔什库尔干
莎车
葱岭
和田
且末
若羌
伏俟城
乐都
固原
皮山
青海湖
兰州
黄
河
什
山
悬度
昆
仑
山
临洮
长安
天水
西安
印
度
成都
益州
江
长
天
竺
恒
河

莫高窟第 112 窟 乐舞

聚沙成塔 功德无量

——《纸中敦煌》代序

JVSHA CHENGTA GONGDE WULIANG

柴剑虹

甘肃教育出版社发来《纸中敦煌》书稿的 PDF 文本，说是他们社多年来出版敦煌文化、学术类图书目录性质的阶段性小结，索序于我。我从事图书、刊物编辑工作并忝列敦煌学研究三十多年了，读过也编过为数不算很少的图书目录，而以如此新颖的、图文并茂的、内容与形式精心编辑的敦煌书目，则还是头一回见识，颇为赞赏，故不揣浅陋，勉力为之代序。

20上世纪80年代始，中国的敦煌学研究从冷门“绝学”逐渐变为热门“显学”，又随着1987年敦煌莫高窟被联合国教科文组织列入“世界文化遗产名录”，敦煌文化、学术类图书的出版也从蓄势待发到日趋繁荣，尤其是近几年我国提出“一带一路”倡议后，作为传播与研究“丝路文化”的重要媒介，相关图书的出版更是呈现出蒸蒸日上的景象。

但是，甘肃教育出版社的敦煌类图书，却并非是“赶时髦”“分蛋糕”，一哄而起的产物。甘肃是中华文明的重要发祥地之一，绵延三千余里的丝路河西走廊段又是东西方经贸往来、文化交流的通衢；敦煌在甘肃，汉唐以来，河西四郡就是古代丝绸之路的重要门户，阳关、玉门关则为其西往东来之“咽喉”。传承与创新丝路文化，甘肃出版界肩负重任，也有优势。诚如本书主编、甘肃教育出版社王光辉社长在书前《敦煌，吾心向往之》一文中所述，近二三十年来，该社秉持“立足本土、传承文化、追求特色、出版精品”的理念，经过不懈努力，已经逐步在作为中华优秀传统文化的重要组成部分的地方文化、敦煌文化领域形成了专业的出书方向和风格特色。在该社已经出版的近三百种敦煌、丝路文化图书中，既有文字简洁生动、图文并茂的普及类读物，也有论述精湛、研究深入的学术专著；既有资料价值高、校注详尽的古文献整理，也有眼光独到、视觉新颖的国外著述中译本；既有演义、诗话等文学创作，也有当代深受欢迎的影视作品的改编本……凡此种种，涉及历史、政治、经济、地理、文学、艺术、语言、宗教与文化交流等众多领域，可谓门类齐全、雅俗共赏。

本书采用作者、编者、作序人、推介人一起夹叙夹议，文字与图版穿插并举的编排设计，将该社近二十年所出的敦煌、丝路文化图书生动形象地展现在读者面前，恰如在讲述他们出版敦煌书的系列故事，故亦可称之为“敦煌书谭”。这些敦煌书策划的精当，文字的精要，图版的精彩，印装的精美，使其中多种图书荣获了若干种国家级奖项，可谓实至名归。现在，捧读这本颇具创新精神的《纸中敦煌》，让我们在又一次领略敦煌与丝路文化灿烂辉煌的同时，也赞美这些图书作者、编者的精诚合作，进而探索他们的创作与出版旨趣，也会理解甘肃教育出版社领导与文字编辑、美术编辑的辛劳及匠心。数十年如一日的持之以恒，聚沙成塔，功德无量，是我的真切感受；弘扬中华优秀传统文化任重道远，再接再厉，更上层楼，是我的真诚期盼。

2017年9月23日于北京

敦煌，吾心向往之

DUNHUANG，WUXIN XIANG WANG ZHI

雄奇绵长、多彩多姿的地理环境，源远流长、积淀丰厚的历史文化，丰富多彩、习俗各异的多民族风情，共同构成了甘肃独特的自然人文景观和辽远雄浑的历史时空。甘肃作为中华文明的重要发祥地之一、东西方文明交汇的通衢大道、多元一体的民族大融合之地以及祖国重要的生态屏障，在苍茫中透出厚重，在古朴中显现灵动，生发着中华民族之根，氤氲着中华民族之魂。也许正因为如此，甘肃又是一个略带神秘、让人渴望了解的地方。

“丝绸之路三千里，华夏文明八千年。”在甘肃这片古老而又神奇的土地上，孕育形成的始祖文化、黄河文化、丝绸之路文化、敦煌文化、民族文化等，以其文化上的混融性、多元性、包容性和渗透性，承载着华夏文明的博大精髓，融汇了古今中外多种文化元素的丰富内涵，成为中华民族宝贵的文化传承和精神财富。

珍爱自己的本土文化，并不断使其发扬光大，让其在新时期焕发新的巨大文化影响力，推助社会经济发展，促进文化繁荣，这是我们出版人肩负的神圣使命。甘肃教育出版社自成立以来，一贯坚持“立足本土、传承文化、追求特色、出版精品”的出版理念。经过几代编辑人员近30年坚持不懈的努力，逐步在甘肃地方文化、敦煌文化及中华优秀传统文化等领域形成了专业的出书方向和鲜明的风格特色。

截至目前，甘肃教育出版社已出版敦煌与丝绸之路文化类精品图书近300种，积累了丰富的出版经验和作者资源，不仅同国内知名的敦煌学与丝绸之路文化研究机构及专家长期保持着良好的合作关系，而且积极与国外敦煌学研究专家和学者紧密合作。甘肃教育出版社已成为西部乃至全国敦煌文化图书出版的主要阵地，形成了独特的敦煌学图书出版特色和品牌出版优势。

敦煌文化历史悠久、内容丰富、价值独特，为了让大家能更好地了解敦煌文化，我们策划出版了《纸中敦煌》一书。该书以图文并茂的方式生动形象地集中展示了甘肃教育出版社近20年来有关敦煌文化、丝绸之路文化等精品图书出版的丰硕成果。一本又一本的敦煌文化精品从不同角度解读敦煌，用纸和文字塑造了一座形象更加鲜明、轮廓更加清晰、历史画面感更强的“敦煌之城”，因此，我们取名为《纸中敦煌》。

书中有关敦煌文化的精美图片大部分取自于近20年来我社出版的敦煌精品图书。这些图片和文字记录了出版的精彩瞬间，再现了一段出版工作的精彩历史，也是一段出版工作的珍贵记忆。这段历史记忆的重要性在于：通过多年的探索努力，我们做到了自己的文化选择和文化坚守，并以团队的精神坚持了这种选择。对于当下以及后来者，这些书更像是方向的指引，无声地鞭策着我们不断向前。

西部崛起的步伐紧紧联系着全民族振兴的命运，而经济社会发展的参天大树则深深植根于文化的深厚土壤。面对这样的历史任务，作为甘肃本土的出版者和文化传播者，我们深感：在中华文化的母体内，挖掘和弘扬地方优秀历史文化，从传统的土壤里发掘过去、现实和未来的纽带以架设通向现代化的精神文化之桥，是我们出版人理应肩负的神圣使命和职责。

无论身在何处，总还是在路上。做更好的图书，让家乡人更好地了解故土、热爱故土，也让外地人更好地、全面地认识甘肃，就是我们对出版职业的最高敬意。

王光辉

甘肃教育出版社社长、总编辑

2017年9月

《走近敦煌》丛书

（共十二册）

主编／柴剑虹 荣新江

荣获第二届中华优秀出版物（图书）奖（2008年）

入选第二届“三个一百”原创图书出版工程（2008年）

《走近敦煌》丛书（12 册），由海峡两岸敦煌学界的翘楚大家携手编著，于 2007—2008 年出版。丛书从不同角度，以简明通俗的语言全面系统地介绍了敦煌的人文景观、历史沿革、社会生活、文化艺术等，反映了近年来敦煌学研究方面的最新成果。

每册图书均配有不少于 120 幅的精美彩色插图，有助于普通读者更加直观地理解文字内容，真正为不具备较多专业知识但又渴望走近敦煌、了解敦煌、读懂敦煌的普通读者开启了一扇明亮窗口，搭起了一座直通敦煌的桥梁。

季羡林（1911—2009）

国际著名东方学大师，中国著名文学家、语言学家、史学家、翻译家

我一向有一个习惯，我从不把别人用我的口气写成的文章，拿过来，签上自己的名字，据为己有。我认为这不是有道德的行为。但现在我想破一次例。我读了大概是出于柴剑虹、荣新江等学友笔下写出的"走近敦煌丛书·序"，我读了几遍，觉得即使我自己动手写也不一定能达到这个水平。因此我就把文章拿过来据为己有，同时又昭告天下，说这不是我写的文章。我觉得这样做，是很有道德的行为。

| 羡林按 |

五年前，我曾经为甘肃教育出版社的《敦煌学研究丛书》写了一篇序言，表达了对新世纪之初我国敦煌学研究蓬勃发展的欣喜之情，也表示愿意继续为敦煌学研究奉献微薄之力。现在，甘肃教育出版社即将推出一套《走近敦煌》丛书，仍征序于我。我这个老拉拉队员当然是应该再鼓吹几句的。

先说这套丛书之名。名曰“走近”，颇有讲究。“走近”乃是“走进”的必要过程与前提条件。自1987年敦煌莫高窟被列入“世界文化遗产名录”以来，敦煌声名日隆，前往那里旅游参观的人络绎不绝，怀着“朝圣巡礼”之心者有了更多瞻仰敦煌的机会。但是，对于并不专门从事敦煌学与敦煌历史文化研究的人来说，走马观花式的游览还是免不了有隔雾看花的感觉，要看懂并在心灵上真正亲近敦煌实属不易。这套丛书的策划者就是希望能通过图文并茂的内容与形式来普及敦煌的学术文化，让读者能够与敦煌渐行渐近，相知相亲，为能真正进入这个辉煌灿烂的艺术宝库与文化圣殿奠定基础。

再说这套丛书的编著者。甘肃教育出版社委托柴剑虹、荣新江来主编这套书，亦属精明之举。我与他们二位熟识多年，知道他们一直热心于敦煌学与敦煌文化的普及工作，堪当此任。二位长期从事敦煌吐鲁番学研究，都是中国敦煌吐鲁番学会的中坚力量，与老中青三代的众多敦煌学家又有密切的联系和良好的关系，组稿并非难事。而且一位是中华书局的编审，一位是北京大学的教授，都有敦煌学的著作问世，兼有编书、教书、写书的深切体会。这套书的作者，更是以活跃在科研与教学阵地的中青年学者为主，而且几乎都是敦煌某一专业领域或课题范围的领军人物，由他们来撰写敦煌学的普及读物，引领读者走近敦煌，也是很合适的。

谈到普及读物，我还要发点感慨：写好、出好一本普及读物，其难度是一点也不亚于那些高深的学术专著的。内容要准确，材料要翔实，语言要通俗易懂、生动活泼。作者要有化繁为简、深入浅出的本领。像这套丛书，配了许多图片，当然还要求图与文相辅相成、相得益彰。这些说来容易、看似轻松的特点，对我们的作者和出版社却是相当严峻的挑战。好在甘肃教育出版社有这方面的经验与优势，可能也不乏“成功之母”的教训；主编之一的柴剑虹又曾长期负责编辑倡导“大专家写小文章”的《文史知识》杂志，并且承担了丛书中一本书的写作任务，应该也会以自己的见解、感受与文字去与其他作者切磋、推敲。两者结合起来，一道应对挑战，为宣传与普及敦煌学知识积累经验，我以为也是出版这套丛书的意义之一。

柴剑虹

中国敦煌吐鲁番学会副会长兼秘书长
中华书局编审

本丛书对于敦煌文化内涵的阐释具有代表性、权威性，反映了近年来敦煌学研究方面的最新成果。每册图书均配有不少于 120 幅的精美彩色插图，有助于普通读者更加直观地理解文字内容，真正为那些没有多少专业知识又渴望走近敦煌、了解敦煌、读懂敦煌的普通读者开启了一个窗口，搭起了一座桥。有关敦煌学的纯学术类图书出了不少，但那难以走近更多的普通读者，普及性不强。眼下，我们确实还没有一套全面、通俗、系统、权威、图文并茂、深入浅出地介绍敦煌及莫高窟的景观、历史、文化、艺术等方面的图书。《走近敦煌》丛书的出版面世，填补了这一空白。

敦煌是一个人一生必去的若干个地方之一，去敦煌旅游是很多人的梦想。敦煌旅游近年升温，并将长期持续下去。但当人们真正到了敦煌，进入莫高窟之后，密集的佛教艺术信息骤然袭来，往往感到眼花缭乱，不知所措。大部分游客除了惊叹之外，像是患了失语症，无法向亲友们具体描述其所见所闻。因为敦煌旅游是文化旅游，而不是纯粹的游山玩水，游客们如果不了解这一著名世界文化遗产的历史背景和文化内涵，仅靠导游简单而程序化的讲解就不得要领。既看不懂，当然说不出所以然。《走近敦煌》丛书的出版面世，解决了去敦煌旅游的普通人站在莫高窟前时所面对的难题和困惑。因为这套书在普及性方面做足了文章。

荣新江

北京大学历史系教授

《走近敦煌》丛书

▶《遗响千年——敦煌的影响》

浙江大学历史系教授、博士生导师　刘进宝　著

2007 年 12 月出版

▶《国宝流散——藏经洞纪事》

兰州大学敦煌研究所教授、博士生导师　王冀青　著

2007 年 12 月出版

▶《艺苑瑰宝——莫高窟壁画与彩塑》

敦煌研究院副院长、研究员　赵声良　著

2007 年 12 月出版

▶《旨酒羔羊——敦煌的饮食文化》

兰州财经大学敦煌商业文化研究所所长、甘肃敦煌学学会副会长　高启安　著

2009 年 2 月出版

▶《箫管霓裳——敦煌乐舞》

中国艺术研究院舞蹈研究所研究员、博士生导师　王克芬　著

中国敦煌吐鲁番学会副会长兼秘书长、中华书局编审　柴剑虹

2007 年 12 月 出版

▶《石室写经——敦煌遗书》

首都师范大学历史学院教授、博士生导师　郝春文　著

2007 年 12 月出版

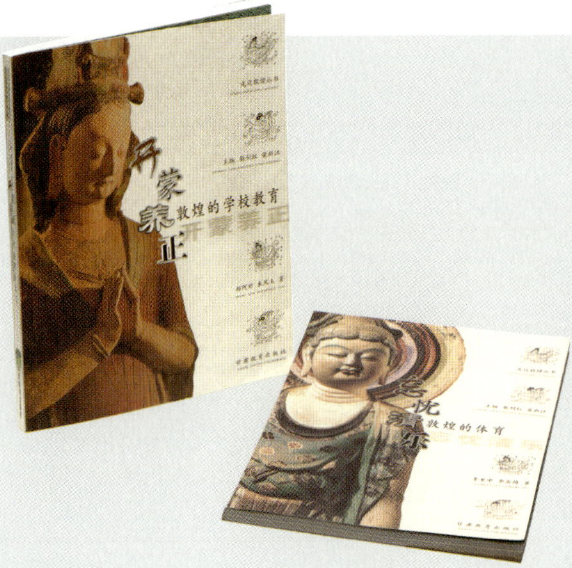

《开蒙养正——敦煌的学校教育》

台湾南华大学敦煌学研究中心主任 郑阿财 著
台湾嘉义大学教授 朱凤玉

2007年12月出版

《忘忧清乐——敦煌的体育》

兰州理工大学丝绸之路文史研究所所长、教授 李重申 著
深圳职业技术学院教授 李金梅

2007年12月出版

《丝路明珠——敦煌》

兰州大学敦煌学研究所所长、兰州大学历史文化学院教授 郑炳林 著
西北大学历史学院副院长、教授 李 军

2008年7月出版

《盛世遗风——敦煌的民俗》

敦煌研究院研究员 谭蝉雪 著

2008年9月出版

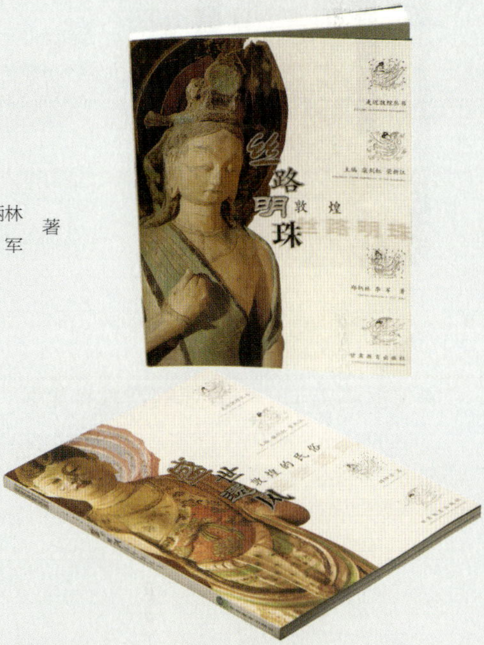

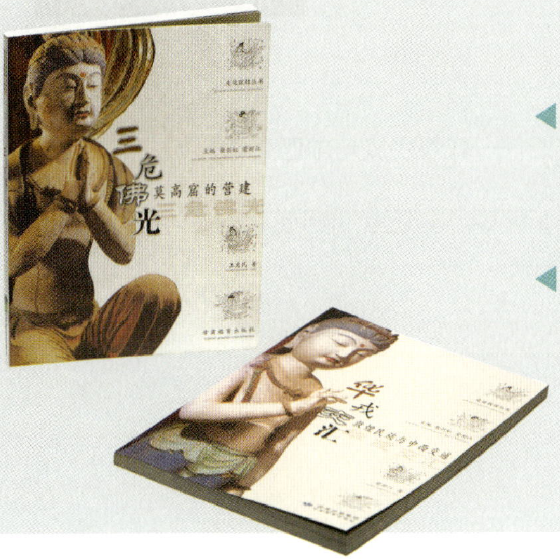

《三危佛光——莫高窟的营建》

敦煌研究院研究员 王惠民 著

2007年12月出版

《华戎交汇——敦煌民族与中西交通》

北京大学历史系教授 荣新江 著

2008年9月出版

2010年，《走近敦煌》丛书获“经典中国国际出版工程”资助。2013年我社与日本株式会社东方书店合作，在日本出版发行了《走近敦煌》丛书之《华戎交汇——敦煌民族与中西交通》《石室写经——敦煌遗书》《旨酒羔羊——敦煌的饮食文化》日文版。

《石室写经——敦煌遗书》

首都师范大学历史学院教授、博士生导师 郝春文 著

日本京都大学人文科学研究所教授 高田时雄 译审 山口正晃 译

2007年12月出版

《旨酒羔羊——敦煌的饮食文化》

兰州财经大学敦煌商业文化研究所所长、甘肃敦煌学学会副会长 高启安 著

日本京都大学人文科学研究所教授 高田时雄 译审 山本孝子 译

2009年2月出版

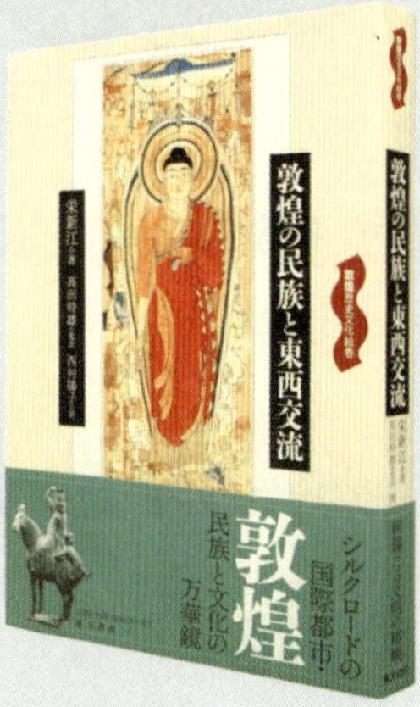

《华戎交汇——敦煌民族与中西交通》

北京大学历史系教授 荣新江 著

日本京都大学人文科学研究所教授 高田时雄 译审 西村陽子 译

2008年9月出版

人类的敦煌

RENLEI DE DUNHUANG

河西走廊的南面是东西走向的祁连山，再往南就是青藏高原；北面是沙漠、戈壁、荒山为主的内蒙古高原，也就是荒漠地带，河西走廊就是夹在雪山和荒漠之间的狭长地带。绵延约 1000 公里的河西走廊在祁连山雪水的灌溉下形成一连串绿洲和草原，是“风吹草低见牛羊”的富饶地区。独特的地理位置和优越的自然条件使河西走廊成为古代北方草原民族南下、南方高原民族北上的交汇点。汉代之匈奴、唐代之吐蕃均倚重这方肥沃水土，长期在这里居住生息，当然，有时这里也成为烽火连天的战场……

敦煌，位于河西走廊的最西端，地处甘肃、青海、新疆三省（区）的交汇处，南枕气势雄伟的祁连山，西接浩瀚无垠的塔克拉玛干大沙漠，北靠嶙峋蛇曲的北塞山，东至峰岩突兀的三危山；面积3.12万平方公里，属暖温带气候，年平均降水量只有39.9毫米，而蒸发量却高达2400毫米；日照充分，无霜期长。在这个群山拥抱的天然盆地中，宕泉河水常年滋润着肥田沃土，绿树浓荫挡住了黑风黄沙；粮棉旱涝保收，瓜果四季飘香；沙漠奇观神秘莫测，戈壁幻海光怪陆离；文化遗存举世闻名，人才辈出……

两千多年来，河西走廊的历史变迁与发展，历史人物及其命运，河西走廊的千年辉煌和新的历史命运，以及中国西部历史文化的独特和厚重，《河西走廊》用独特的历史眼光，带着历史的温度和记忆，将其尽情展现，理性诠释……

《河西走廊》（央视纪录片同名图书）

《河西走廊》摄制组　编

2015 年 8 月 出版

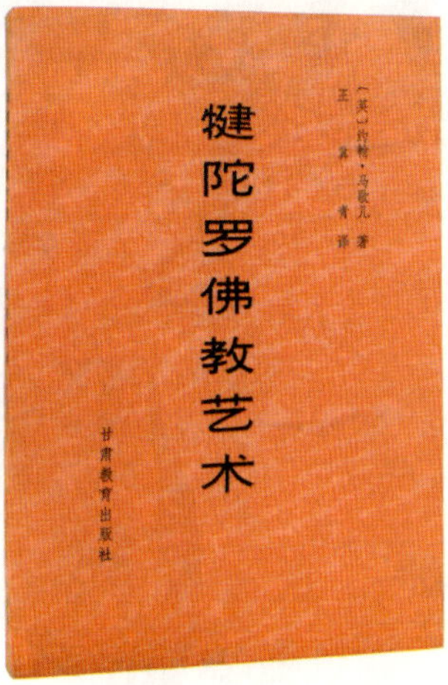

▶《犍陀罗佛教艺术》

考古学家、艺术史家　［英］约翰·马歇尔　著

兰州大学敦煌学研究所教授、博士生导师　王冀青　译

1989 年 12 月出版

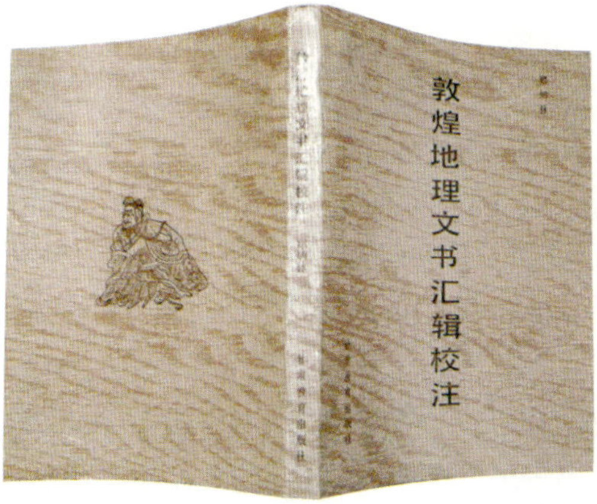

◀《敦煌地理文书汇辑校注》

兰州大学敦煌学研究所所长、

兰州大学历史文化学院教授　郑炳林　著

1989 年 12 月 出版

▶《归义军时期敦煌石窟考古研究》

陕西师范大学历史文化学院教授、博士生导师　沙武田　著

2017 年 9 月出版

莫高窟第57窟 胁侍菩萨

敦煌，一个神圣而美丽的名字，更是一块富饶神奇、芳香诱人的土地。敦煌因曾经的辉煌和博大精深的文化内涵而闻名于世。

敦煌是多种文化交叉融汇的地方。在这里，中国、印度、希腊、伊斯兰文化在历史的长河中不断相遇并发生着激烈的碰撞。

敦煌文化是甘肃文化中一幅古朴的画卷，其艺术形式精妙无比，是一种多元文化互相碰撞而产生的美丽之花。它虽然久经岁月的沧桑，但模样依然给见识过它的人带来一种内心的深深震撼。

◀《敦煌演义》

原敦煌研究院党委副书记　李金寿　著

2009 年 10 月出版

敦煌是艺术的殿堂。那些公元4至11世纪的壁画与雕塑，从诞生的那一天起，就带给人们极具震撼力的艺术感受。

敦煌又是文献的宝库。在数以万计的赤轴黄卷中，蕴藏着极其丰富的文献资源，汉文、古藏文、回鹘文、于阗文、龟兹文、粟特文、梵文，文种繁多，内容涉及政治、经济、军事、哲学、宗教、文学、民族、民俗、语言、历史、科技等广泛领域。

▶《敦煌本佛说十王经校录研究》

兰州大学历史文化学院教授、博士生导师　杜斗城　著

1989 年 12 月出版

穿过历史烟云，时光倒退2000多年，正是我国历史上的春秋战国时期，当时乌孙、大月氏等少数民族相继游牧于河西走廊。至西汉初年，匈奴成为河西走廊的霸主。

公元前121年，骠骑将军霍去病进军河西，匈奴浑邪王投降，从此，河西归入汉朝版图。西汉政权设置武威、酒泉二郡，此后不久又从中分出张掖、敦煌二郡，并设置了阳关、玉门关，史称“列四郡，据两关”，保证了丝绸之路的畅通。自此，敦煌正式归于中央政权，敦煌也成为中央政府经营西域的重要根据地。

为了加强和巩固敦煌这个战略要地，汉代在敦煌以北修筑了长城，在其西部设立了阳关、玉门关。从此，敦煌成为西域进入河西走廊与中原的门户及军事重镇。此外，政府从内地移民来敦煌定居，调遣士兵屯田戍守。西汉王朝对敦煌的经营与开发，确立了敦煌在历史上的重要地位。

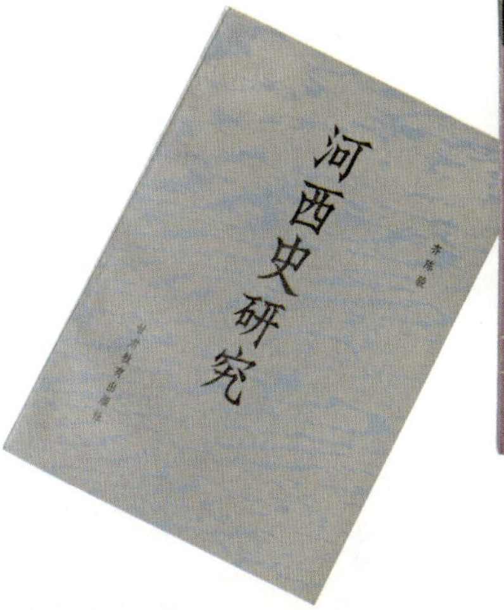

▲《河西史研究》
原兰州大学敦煌学研究所所长
齐陈骏 著
1989年12月出版

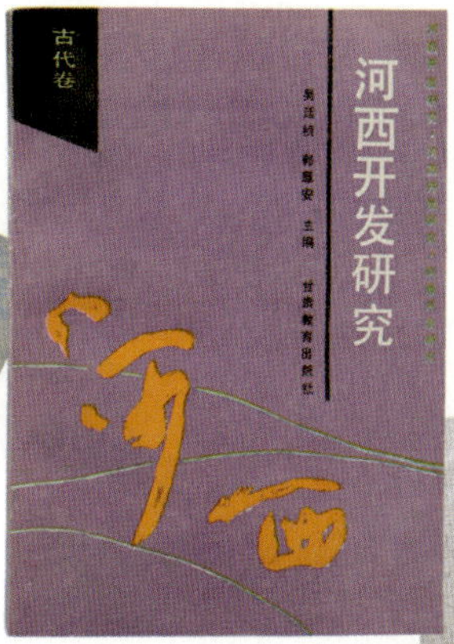

▲《河西开发研究·古代卷》
原西北师范大学历史系教授
吴廷桢 郭厚安 著
1993年9月出版

▲《河西开发史研究》
原西北师范大学历史系教授
吴廷桢 郭厚安 著
1996年10月出版

经过东汉王朝与曹魏政权的相继经营与开发，敦煌在较长的历史时期内保持相对稳定，成为丝绸之路上一处重要的商品交易中心和粮食生产基地。中原文化在这里生根发展，儒家经典得到传播。产生于印度的佛教文化也传到了敦煌，西晋时号称“敦煌菩萨”的译经大师竺法护及其弟子在此译经传教。

十六国时期，先后由前凉、前秦、后凉、西凉、北凉五个政权统治敦煌。此时中原大乱，战争频繁，唯敦煌相对平安，人口增加，中原与河西走廊的百姓避乱在此，中原汉晋文化在敦煌与河西走廊得以保存和延续。敦煌产生了一批著名儒家学者，他们设馆讲学，著书立说。这时期，中原传统文化在敦煌已十分成熟。与此同时，西行求法与东来传教的佛教僧人都经过敦煌，有力促进了敦煌佛教的发展。

1227年，蒙古大军灭西夏，攻克沙州等地，河西地区归元朝所有。自元朝以后，千里河西逐渐失去了昔日的光彩。

明王朝为了加强西北边疆的防卫，设置了关西七卫。正德十一年（1516），敦煌被吐鲁番占领。嘉靖三年（1524），明王朝下令闭锁嘉峪关，将关西平民迁徙关内，废弃了瓜、沙二州。此后200年敦煌旷无建置，成为“风播楼柳空千里，月照流沙别一天”的荒漠之地。

清康熙后期，清王朝渐次收复了嘉峪关外的广大地区。雍正三年（1725），在敦煌建立沙州卫，并开始从甘肃各地移民2400户到敦煌垦荒定居，同时又迁吐鲁番、罗布泊大批兵民于沙州一带。

到乾隆二十五年（1760），改沙州卫升敦煌县，隶属安西直属州，直至辛亥革命。1949年中华人民共和国成立后，敦煌一直是县府所在地。1986年敦煌被国务院评为“中国历史文化名城”。1987年经国务院批准撤县设立敦煌市。

《西域汉语通行史》

入选 2016 年度国家出版基金资助项目

乌鲁木齐教育学院教授　马克章　著

2016 年 12 月出版

在异彩纷呈的人类文明史上，有四种文化范围最广并自成体系，它们是希腊文化、伊斯兰文化、印度文化和中国文化。这些文化都在一个地方交汇过，这个地方就是敦煌。闻名于世的丝绸古路就起源于这片圣土，它曾为中西方经济文化发展与交流做出了巨大贡献。

古代敦煌除了具有重要的政治地位外，也是商业贸易往来的重镇。

自西汉设郡到西晋末的数百年间，丝绸之路虽几通几绝，但敦煌日渐呈现出繁荣昌盛的景象，也逐步发展成为西北军政中心和文化商业重地。中西不同的文化在这里汇聚、碰撞、交融，使得敦煌成为“华戎所交，一都会也”。

丝绸之路始于中原，沿河西走廊到达敦煌，然后由敦煌主要分两道通向西域，即出阳关经昆仑山北麓的鄯善、于阗，越葱岭，最终到达大月氏、安息；或出玉门关经天山南麓的吐鲁番、龟兹，越葱岭，最终到达大宛、康居。敦煌地接西域，成了历代中央政

古丝绸之路示意图

莫高窟第 254 窟　壁画　尸毗王本生　乔兆福 / 摄

府特别关注的一个州。隋代裴矩《西域图记序》记载，丝绸之路是“发自敦煌，至于西海，凡为三道，各有襟带……总凑敦煌，是其咽喉之地”。西域商人、物产也经两道汇聚敦煌，再到达长安。

敦煌历时千余年，在不同时代风格的转变中，敦煌石窟始终是西北各民族共同的理想世界与精神支柱。各民族对敦煌都有着杰出的贡献，世界上没有比敦煌更宏大丰厚、灿烂辉煌的文化遗产了。

敦煌以其最为完整、大量、全面地保存了北朝以来的壁画、彩塑、经卷、文书等而成为闻名世界的艺术、文化、历史、宗教的宝库。它在对外开放的意义上获得了历史性的成功，促使我国的中古时代达到了空前的繁荣和领先于世界的地位，同时它也为人类的文明进步做出了巨大贡献。

敦煌文化博大无边，我们已知的远远小于未知，敦煌给予我们的启示远远超出了它艺术和文化的根本。敦煌石窟有着约45000平方米的壁画，幅幅都是绝世杰作，单是壁画上一个反弹琵琶舞姿的再现就成

▲《敦煌艺术论著目录类编》

昌吉学院美术系副教授　王晓玲
敦煌研究院副研究员　　李　茹　编
2011年12月出版

了惊动一时的艺术现象，甚至成了当代舞剧中的经典造型。它的创造者是千千万万的民间画工，而把丰富多彩的精神素材和无穷的创作激情贡献给它的，却是万里丝绸之路上所有的国家和人民。

敦煌，永远是人类的骄傲之本，更是人类自信的根源与历史的光荣！这一切的辉煌都与汉代“河西长城”的修筑有着天然的联系。

汉代“河西长城”是随着汉武帝在位时期对西部地区采取的三次军事行动及河西地区武威、张掖、酒泉、敦煌四郡的设立而建筑的。“河西长城”起自黄河西岸的甘肃武威、张掖，西行经玉门、敦煌，最后到达当时被称作“盐泽”的罗布泊。

汉代“河西长城”对巩固和守卫汉王朝这块用血和火从匈奴手中夺取的西部领土及保障捍卫有史以来中国通往西方的第一条陆路通道——“丝绸之路”都有巨大的历史作用。

阳关、玉门关沿汉代长城而建，初为防范匈奴而设的关卡，后来它们不仅是地理意义上的概念，还承载着丰富的历史与文化意蕴。因为出长城意味着进入胡语地区，古人认为，自长安至敦煌已很遥远，再向西行，便是胡语世界，阳关、玉门关成了中、西分界的代名词。

由于气候干旱，至今，敦煌还保存有无数汉代长城、烽火台遗迹。长城脚下设阳关、玉门关，成为进出西域、中原的门户，人们每每睹之便发思古之幽情。

历史上的阳关、玉门关是唐代诗人吟诗寄情的典型意象，在唐诗中有情绪各异的表现，无论诗人是否真正到过敦煌，所写诗歌或伤感或浪漫，都扣人心弦，令人回味无穷。

王维送元二使安西而作的《渭城曲》，感伤惆怅之情至深，成为古人送别诗的经典之作：

渭城朝雨浥轻尘，客舍青青柳色新。
劝君更尽一杯酒，西出阳关无故人。

王之涣的《凉州词》同样带有浓浓的愁绪：

黄河远上白云间，一片孤城万仞山。
羌笛何须怨杨柳，春风不度玉门关。

戴叔伦的《闺怨》更将男女缠绵之情与黄沙弥漫的玉门关紧紧联系在一起：

看花无语泪如倾，多少春风怨别情。
不识玉门关外路，梦中昨夜到边关。

同样是玉门关，王昌龄的《从军行》则充满了强烈的、鲜明的男儿英雄气概：

青海长云暗雪山，孤城遥望玉门关。
黄沙百战穿金甲，不破楼兰终不还。

《河西历史人物诗话》
原甘肃人民出版社副编审　张永鍾　著
2002年2月出版

伟大的浪漫主义诗人李白在《关山月》中更是以浩荡之气势描写玉门关：

明月出天山，苍茫云海间。

长风几万里，吹度玉门关。

上述诗人都生活在公元8世纪左右，却在以阳关、玉门关为题材的诗歌作品中表现出不同的气质和胸怀，读之不禁令人深深感动，从另一个侧面也恰恰反映了诗歌的可爱动人之处。

由于地理位置特殊和经济发达，敦煌逐渐成为古代中原与西域交往的重要关口，是河西走廊最重要的桥头堡。宋代以后，随着海上丝绸之路的开通，这条陆路丝绸之路通道逐渐废弃。明代设嘉峪关，将敦煌居民迁移到嘉峪关以东。至此，敦煌经过汉唐宋元的繁荣昌盛，终于萧寂下来。

莫高窟第 156 窟　张议潮出行图　吴健 / 摄

敦煌，历经沧桑，几度盛衰，步履蹒跚地走过了近千年漫长曲折的里程。今天，悠久的历史孕育的敦煌灿烂的古代文化使敦煌依然辉煌。那遍地的文物遗迹、浩繁的典籍文献、精美的石窟艺术、神秘的奇山异水……使这座古城流光溢彩，使戈壁绿洲越发郁郁葱葱、生机勃勃，就像一块青翠欲滴的翡翠镶嵌在金黄色的大漠上，使其更加美丽动人、更加灿烂辉煌！

《敦煌学研究》丛书

主编/季羡林

（共十二册）

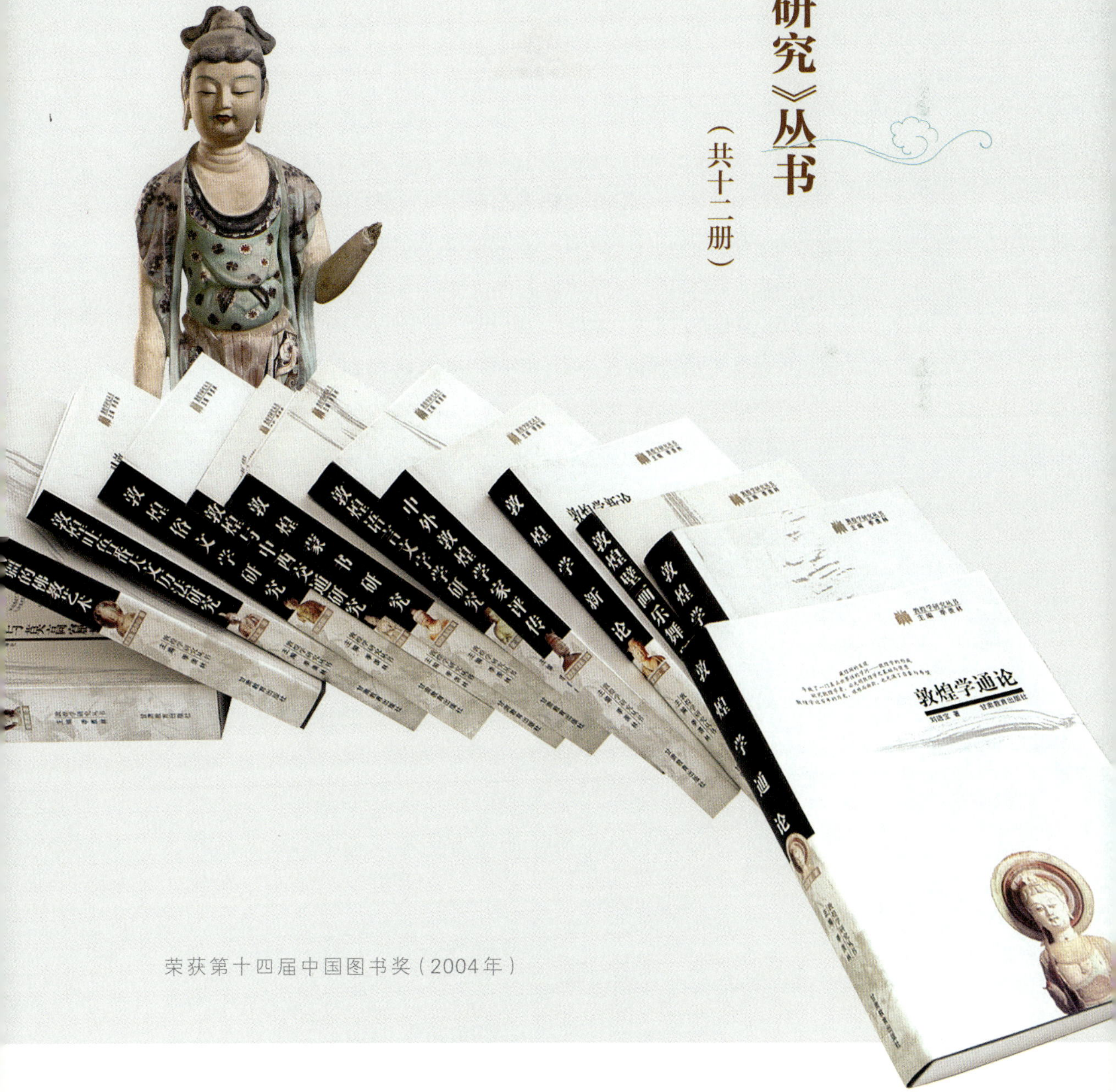

荣获第十四届中国图书奖（2004年）

《敦煌学研究》丛书由中国敦煌吐鲁番学会第一任会长季羡林教授主编，2009 年出版，共 12 册。作者多为学有成就的中青年学者。丛书涉及敦煌学理论、敦煌学史、敦煌史事、敦煌语言文字、敦煌俗文学、敦煌蒙书、敦煌石窟艺术、敦煌与中西交通、敦煌壁画与乐舞、敦煌天文历法等诸多方面，比较集中地反映了近年来敦煌学研究的新成果和研究动向，大体上亦显示了中国新一代敦煌学者的整体学术水平。

季羡林（1911—2009）

国际著名东方学大师，中国著名文学家、语言学家、史学家、翻译家

敦煌藏经洞发现之后，在将近半个世纪的时间内，仅有极少数可称之为先知先觉的中国学者，筚路蓝缕，置身于世界敦煌学研究行列中。直至20世纪80年代，海峡两岸始有一批中青年学者，脱颖而出，焚膏继晷，兀兀穷年，探幽烛微，健笔如椽，在文学、语言、历史、地理、考古、艺术、宗教、天文历法，以及敦煌学史和敦煌学理论等方面，都有水平相当高的著作，引起了国际敦煌学界的瞩目，为中华学术增光添彩，实为学界之盛事、中华之光荣。

现在，甘肃教育出版社出于对学术成绩的尊重、对乡土宝藏的珍爱、对祖国文化建设的责任，汇集十几位海峡两岸敦煌学研究者的专著和论集一起出版，集中体现了近年来中国敦煌学各个方面的研究成果。

更让人高兴的是，这些著作既是对20世纪敦煌学的总结，也是21世纪敦煌学研究的起点，不少文章昭示着新世纪敦煌学的方向。21世纪的敦煌学仍在蓬勃发展，而且研究的范围也在日益扩大。

陆庆夫

兰州大学历史系教授
兰州大学敦煌学研究所博士生导师

学习敦煌学发展的历史，使我们对老一辈敦煌学家有了进一步认识：他们献身科学的精神与事迹感人至深，足以使晚辈受到教育与鼓舞；他们关于敦煌学的许多论著影响深远，至今仍然有重要参考价值；他们对敦煌学所做的卓越贡献举世瞩目，已作为一笔珍贵的遗产造福后学。然而，可惜的是，时至今日，还没有见到一本全面评介他们生平事迹的历程、讲述老一辈敦煌学者开创的业绩、给敦煌学爱好者和研究者提供方便的著作，为此，我们决定较为系统地介绍一批中外著名敦煌学家。通过评介他们的生平，论述他们的著作，探讨他们的研究方法，以阐明他们在敦煌学领域的地位与贡献。

史苇湘

敦煌研究院研究员

敦煌让人们心里充满了既遥远、又亲切的历史感情，我们不能不怀念古代中华民族的先哲们为世界文化史做出的辉照千古的贡献。近二十几年甘肃省考古工作者的发掘收获，使我们看到了埋藏在地下的古代敦煌的非佛教汉简与汉晋、北朝、隋唐墓葬，使我们看到了一个非佛教但内容十分丰富、水平十分高的敦煌文化。

关于敦煌莫高窟的这些历史与艺术的秘密，是我四十多年来与它朝夕相处及认识、研究的结果。可以看出，自从印度的佛教思想传进古代中国之后，在敦煌这样一个长期保持安定的封建农业地区，与其固有的传统文化思想结合，从而转化为一千多年间当地人民群众生活、信仰、习俗的一部分，他们不懈地开凿石窟，创造艺术，开出如此灿烂的文明之花，结出如此丰硕的人类文化之果，这种历史文化现象，对我们追求安定、和平及图谋发展是很有裨益的。

《敦煌学研究》丛书

▲《敦煌学新论》

北京大学历史系教授　荣新江　著

2002年9月出版

▲《敦煌学史事新证》

武汉大学历史系教授、博士生导师　陈国灿　著

2002年9月出版

▲《敦煌学通论》

浙江大学历史系教授、博士生导师　刘进宝　著

2002年9月出版

▲《敦煌与中西交通研究》

敦煌研究院研究员　孙修身　著

2002年9月出版

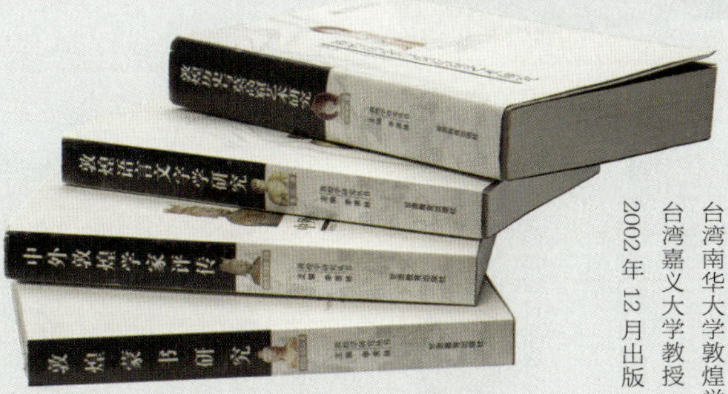

▲《敦煌历史与莫高窟艺术研究》

敦煌研究院研究员　史苇湘　著

2002年12月出版

▲《敦煌语言文字学研究》

南京师范大学文学院教授　黄　征　著

2002年12月出版

▲《中外敦煌学家评传》

兰州大学历史系教授、兰州大学敦煌学研究所博士生导师　陆庆夫

兰州大学敦煌学研究所教授、博士生导师　王冀青　著

2002年12月出版

▲《敦煌蒙书研究》

台湾南华大学敦煌学研究中心主任　郑阿财

台湾嘉义大学教授　朱凤玉　著

2002年12月出版

《敦煌学研究》丛书

▲《敦煌俗文学研究》

天水师范学院文学系教授、甘肃省文史馆馆员　张鸿勋　著

2002 年 9 月出版

▲《敦煌吐鲁番天文历法研究》

中国文化遗产研究院研究员　邓文宽　著

2002 年 9 月出版

▲《敦煌壁画乐舞研究》

敦煌研究院研究员　郑汝中　著

2002 年 9 月出版

▲《印度到中国新疆的佛教艺术》

新疆维吾尔自治区博物馆研究馆员　贾应逸

新疆文物考古研究所研究员　祁小山　著

2002 年 9 月出版

丝绸之路上的艺术奇葩

莫高窟

自改革开放以来，每年都有成千上万的外国朋友远渡重洋，万里迢迢来到中国大西北沙漠戈壁之中参观这一人类的艺术宝库——莫高窟。当他们看到那些精美的壁画、彩塑时，有人激动地流出了泪水，跪在大佛和菩萨的面前久久不愿离去，这究竟是为什么呢？答案得从佛教的传入说起——

佛教传入中国与丝绸之路有着千丝万缕的联系，丝绸之路的开通为佛教传入中国提供了条件。佛教东传，首及西域，尔后传到河西、中原，逐渐发展成为深刻影响中国思想文化和日常生活的宗教。敦煌位于丝绸之路的要冲，是佛教东传的重要一站。

久负盛名的莫高窟，俗称“千佛洞”，洞窟由南向北分三层和四层排列，是目前世界上规模最大、保存最完好的佛教艺术宝库。莫高窟始建于十六国时期，据唐《李克让重修莫高窟佛龛碑》记载，前秦建元二年（366），僧人乐尊路经此山，忽见金光闪耀，如现万佛，于是便在岩壁上开凿了第一个洞窟。此后法良禅师等又继续在此建洞修禅，称为“漠高窟”，意为“沙

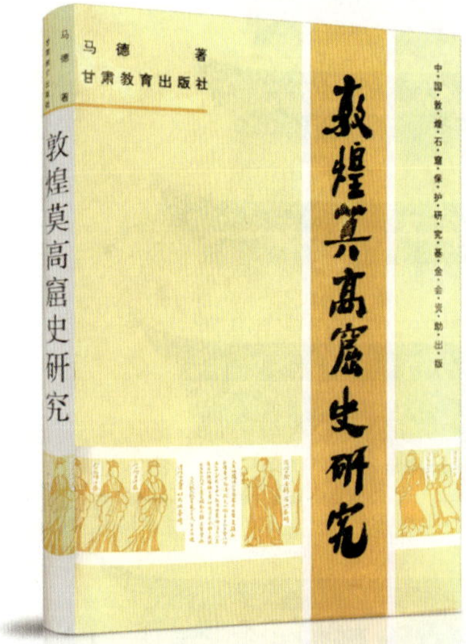

《敦煌莫高窟史研究》

原敦煌研究院文献研究所所长　马德　著

1996 年 12 月出版

▲《敦煌吐蕃统治时期石窟与藏传佛教艺术研究》

原敦煌研究院院长　樊锦诗　主编

2012 年 9 月出版

漠的高处”。后世因“漠”与“莫”通用，便改称为“莫高窟”。另有一说为：佛家有言，修建佛洞功德无量，莫者，不可能、没有也，莫高窟的意思，就是说没有比修建佛窟更高的修为了。

北魏、西魏和北周时，统治者崇信佛教，石窟建造得到王公贵族们的支持，发展较快。隋唐时期，随着丝绸之路的繁荣，石窟营建更是兴盛，在武则天时期有洞窟千余个。安史之乱后，敦煌先后被吐蕃和归义军占领，但造像活动未受太大影响。

北宋、西夏和元代，莫高窟渐趋衰落，仅以重修前朝窟室为主，新建极少。

元代以后敦煌停止开窟，逐渐冷落荒废。明嘉靖七年（1528）闭锁嘉峪关，使敦煌成为边塞游牧之地。雍正元年（1723）在敦煌设沙州所，雍正三年（1725）改沙州卫，并从甘肃各地移民敦煌屯田，重修沙州城。乾隆二十五年（1760）改沙州卫为敦煌县，敦煌经济开始恢复，莫高窟又开始被人们注意。

莫高窟自前秦开凿，嗣后历代营造，至唐代而极盛，多达1000余窟。由于人为和自然损毁，现仅存492窟。莫高窟是集彩塑、壁画、建筑为一体的、三者有机结合的立体艺术博物馆。

《敦煌藏文吐蕃史文献译注》

中央民族大学教授 黄布凡 著
原敦煌研究院文献研究所所长 马 德
2000 年 6 月出版

莫高窟第 427 窟　吴健 / 摄

敦煌石窟按石窟建筑和功用分为中心柱窟（支提窟）、殿堂窟（中央佛坛窟）、覆斗顶型窟、大像窟、涅槃窟、禅窟、僧房窟、廪窟、影窟和瘗窟等形制，还有一些佛塔。窟型最大者高40余米，宽30米，最小者高不足盈尺。从早期石窟所保留下来的中心塔柱式这一外来形式的窟型看，反映了古代艺术家在接受外来艺术的同时，对其加以消化、吸收，使它成为中国民族的艺术形式，其中不少是现存古建筑的杰作。在多个洞窟外存有较为完整的唐代、宋代木质结构窟檐，是不可多得的木结构古建筑实物资料，具有极高的研究价值。

敦煌石窟开凿在砾岩上，彩塑为敦煌艺术的主体，有佛像、菩萨像、弟子像以及天王、金刚、力士、神等。彩塑形式丰富多彩，有圆塑、浮塑、影塑、善业塑等，最高的34.5米，最小的仅2厘米左右（善业泥木石像），题材之丰富和手艺之高超，堪称“佛教彩塑博物馆”。17窟唐代河西都统的肖像塑和塑像后所绘的持杖近侍等都惟妙惟肖，把塑像与壁画结为一体，为中国最早的高僧写实真像之一，具有很高的历史和艺术价值。

莫高窟第45窟　菩萨

《敦煌佛教感通画研究》
敦煌研究院 编
敦煌研究院考古研究所所长、研究员 张小刚 著
2015年8月出版

敦煌莫高窟富丽多彩，各种各样的佛经故事、山川景物、亭台楼阁等建筑画、山水画、花卉图案、飞天佛像以及当时劳动人民进行生产的各种场面等，是十六国至清代1500多年的民俗风貌和历史变迁的艺术再现，雄伟瑰丽。

在大量的壁画艺术中还可发现，古代艺术家们在民族化的基础上吸取了波斯（今伊朗）、印度、希腊等国古代艺术之长，是中华民族发达文明的象征。各朝代壁画表现出不同的绘画风格反映出中国封建社会的政治、经济和文化状况，是中国古代美术史的光辉篇章，为中国古代史研究提供了珍贵的形象史料。

莫高窟除了特有的建筑、彩塑和绘画艺术价值外，它还具有非常高的版画艺术、书法艺术、音乐艺术、舞蹈艺术等珍贵价值。

敦煌莫高窟是一座珍贵的历史文化宝库，更是人类的一份宝贵文化遗产。

一有非常重要的历史价值。它对后人进一步了解古代经济生活状况，了解古代敦煌以及河西走廊的佛教思想、宗派、信仰，佛教与中国传统文化的融合，佛教中国化的过程，等等，具有非常重大的历史价值。

二有非常重要的艺术价值。无论对佛教艺术、佛教美术、中国绘画的形成和发展，还是展现了近千年连续不断的中国音乐文化发展变化的面貌、各时代舞蹈发展的面貌及其发展历程，或者是对敦煌石窟艺术中十分丰富的建筑史资料的考察，都有极其重要的艺术价值。

《敦煌莫高窟北区石窟研究》（上、下册）
敦煌研究院研究员 彭金章 主编
2011年4月出版

三有非常重要的科技价值。敦煌作为中西交通枢纽，在壁画上不仅留下了商旅交往的活动场景，还留下了宝贵的古代交通工具的形象资料。

从开凿的第一天起，莫高窟便以兼容并蓄的恢宏气度吸取和融合了当时欧亚大陆所有人类文明的精华。当我们面对一尊尊塑像、一方方壁画和一卷卷文书时，莫名地就会被它博大精深的多元化艺术魅力及其丰富深厚的文化底蕴所吸引、所打动，内心深处感到强烈的震撼和折服。

可以说，如果没有古代河西地区繁荣的经济文化，就没有莫高窟；如果没有对外经济文化交流和中华民族海纳百川的广阔胸怀，也就不会有莫高窟。

莫高窟第 288 窟 吹横笛乐伎　　莫高窟第 465 窟 弯琴弹奏

在我国四大石窟中，莫高窟是开凿最早、延续时间最长、规模最大、内容最丰富的石窟群，是世界上现存规模最庞大的“世界艺术宝库”。中华人民共和国成立后，敦煌莫高窟劫后余生的文物才得到了真正有效的保护和科学合理的利用。作为国务院首批公布的全国重点文物之一，特别是改革开放以来，敦煌文物保护事业步入了蓬勃发展的新时期。1987年，敦煌莫高窟作为中国首批候选者获得世界文化遗产认定。

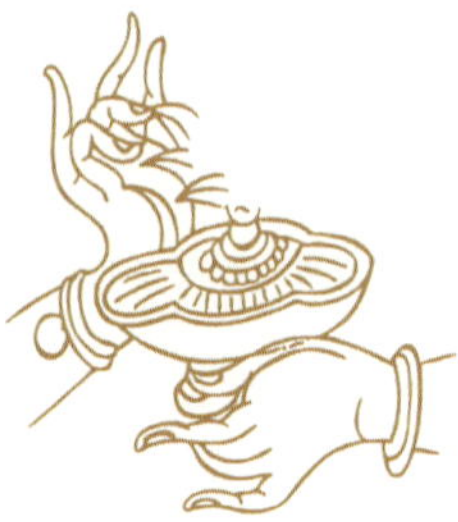

藏经洞

一百多年前的一天，即清光绪二十六年五月二十六日（公元 1900 年 6 月 22 日），敦煌莫高窟道士王圆箓在清理积沙时，无意中发现了震惊世界的藏经洞——莫高窟第 17 窟。莫高窟藏经洞的发现是人类文化史上的一件大事。它的发现为历史悠久、辉煌灿烂的敦煌文化增补了浓墨重彩的一笔……

藏经洞出土的部分敦煌文书

不幸的是，在晚清政府腐败无能、西方列强侵略中国的历史背景下，藏经洞文物发现后不久，从1906年起，先后有英国人斯坦因、法国人伯希和、日本人吉川小一郎和橘瑞超、俄国人鄂登堡、美国人华尔纳等都来到藏经洞，从王道士手中骗取了大量藏经洞文物，盗走了数以万计的写本经卷和木版印刷、精美绣品、绢画和彩塑，共四十多大木箱，致使藏经洞文物惨遭劫掠，绝大部分藏经洞文物不幸流散，分藏于英、法、俄、日等国的众多公私收藏机构，仅有少部分保存于国内，造成中国文化史上的空前浩劫。

藏经洞文书经帙合一的情形

▶《舞论——王克芬古代乐舞论集》

中国艺术研究院舞蹈研究所研究员、博士生导师　王克芬　编
2009 年 10 月出版

◀《敦煌的故事》

甘肃教育出版社副编审　王文琴　编
2016 年 2 月出版

敦煌遗书，是指清代以来，在古敦煌境内多次出土的古代文献和在外地发现的2至14世纪的古写本及印本敦煌古文献。敦煌遗书以1900年道士王圆箓发现于莫高窟藏经洞（17窟）的最多，其他还有1964年在莫高窟土地祠中、1965年在莫高窟122窟前，以及在敦煌境内烽隧、古墓葬等遗址中也有少量出土。遗书总数超过5万件，其中汉文写本在4万件以上。

藏经洞出土的普贤菩萨图

敦煌遗书是研究中古时期中国、中亚、东亚、南亚相关的历史学、考古学、宗教学、人类学、语言学、文学史、艺术史、科技史、历史地理学的重要研究资料，具有极其重要的文化价值和学术价值。其中有纪年者近千件，最早的为公元406年（西凉建初二年），最晚的为公元1002年（宋咸平五年）。大部分汉文写本写于中唐至宋初。汉文遗书除95%以上为佛典和其他宗教文献外，其余为经、史、子、集、官私档案、医药天文、诗词俗讲等。

敦煌遗书是中华文明成果对世界文化宝库的重大贡献，应该为所有中国人所珍惜和自豪！

《敦煌讲座》书系

（共二十一册）

编委会／荣新江 柴剑虹
郝春文 张涌泉
郑炳林

入选“十二五”国家重点图书出版规划项目

入选 2010 年度国家出版基金资助项目

荣获第五届中华优秀出版物（图书）奖（2014 年）

《敦煌讲座》书系规模宏大、卷帙浩繁，分为21册，总字数约900万字，图片2000余幅。内容涵盖历史、地理、社会、考古、艺术、文学、文物、文献、经典、写本学等敦煌学研究的主要领域，并涉及以前不为学界所关注的一些冷门领域。该书系将百年来国内外所取得的方方面面的敦煌学研究成果进行了全面展现，系统回顾了敦煌学研究的百年历程，厘清了百年敦煌学发展的脉络，指出了存在的不足，并就敦煌学今后的发展开拓了新视野，提出了新思路和新方法。

该书系由北京大学荣新江教授、中华书局柴剑虹编审、首都师范大学郝春文教授、浙江大学张涌泉教授和兰州大学郑炳林教授等国内著名敦煌学专家组成编委会，由来自国内22家敦煌学研究机构近30位专家组成创作团队。书系是汇集了国内各主要研究机构和学界各领域一流专家的力量与智慧的丰硕成果，代表了国内敦煌学研究的最高水平。

柴剑虹

中国敦煌吐鲁番学会副会长兼秘书长
中华书局编审

多元、异彩、规范、创新
——读《敦煌讲座》书系感言

《敦煌讲座》书系（以下简称“书系”）从最初的策划、立项，到全套书正式出版、发行，历时8年。笔者忝列该书系编委，参与拟定选目、体例及审读初稿的全过程，深知其中作者、编者、出版者的勤苦，如今全书21册面世，已有若干文章被予以评介，我亦有些许感言，敬请学界及广大读者不吝指正。

众所周知，古代敦煌位于著名丝绸之路的“咽喉之地”，是东西方几大古老文明的交汇之处。因此，敦煌文化的一个显著特色，就是它的多元化。这种多元色彩，不仅表现在它的内容要涉及政治、经济、军事、民族、文学、语言、宗教、艺术等多个领域，还反映在各领域学术文化内涵的多元交融上。可以说，“书系”的整体设计，首先是考虑到这一点的，大多数作者在写作中也关注了这一点。无论历史地理、宗教传播、石窟艺术、民族政权，还是文书遗存、佛道典籍、书仪礼法、商贸活动，在众多物质与非物质文化遗产的分析研究中，都突出体现了敦煌文化的多元性。至于这种“多元”，是否已经包容于以儒家文化为主体的“一体”之中，则见仁见智。恐怕这也是我们应继续深入研究的论题之一。

我一直认为，只有多元，才能真正体现中华文化的包容、宽容的本质，也才能体现出敦煌文化的异彩纷呈。多元与异彩，相辅相成，符合文化发展、繁荣的历史进程。例如敦煌的宗教文化，尽管莫高窟自公元4世纪后半期以来一直是佛教圣地，但道教、祆教、摩尼教、基督教以及后来的伊斯兰教等均能与其兼容并存，润泽那里各族居民的精神生活。举世瞩目的敦煌石窟，更是包容了各种宗教、民族文化艺术精粹的聚珍宝库，是全人类得以共享的世界文化遗产。“书系”的《敦煌石窟艺术总论》等著作对此均有很好的诠释。如在莫高窟的700多个佛窟与藏经洞遗书中，我们不难发现其中包含着民间神话传说、史传故事、社会生活，以及儒家、道教、祆教、摩尼教等丰富的文化因素，也不难观赏到中原与西域、印度乃至希腊的艺术风格与文化交汇的踪迹。诚如《敦煌石窟艺术总论》的作者在该书“前言”中所述：“佛教艺术源于印度，经中亚传入中国，因此，包括敦煌石窟在内的中国各地石窟必然会带有印度、中亚等地艺术的痕迹。”“敦煌石窟保存下来的大量彩塑作品，给我们展示了佛教雕塑从最初受印度、犍陀罗艺术影响到受中原传来的新风格的浸润，而形成中国式佛教艺术的过程。”在这里，文化艺术的多样性与多元化是和谐、统一的。这正是中华文化屹立于世界文化之林的一个根基。再如在《回鹘与敦煌》一书中，作者正确地指出“回鹘是一个以善于兼容外来文明而著称于世的民族，曾先后信奉过萨满教、摩尼教、佛教、景教、祆教和道教等多种宗教”，“回鹘是较早从中原汉人那里学会雕版印刷的兄弟民族之一，并且是把中国古代印刷术从古代西域，沿着丝绸之路，传入波斯、埃及和阿拉伯世界及欧洲西方世界的最重要的媒介，为世界文化交流与发展做出了重要贡献”。回鹘、汉族如此，在中华广阔疆域中生活的其他各民族也都如此。兼容、宽容、包容的文化精神，正是一个民族能够生存、发展、繁荣不可或缺的条件。正因为如此，位处丝路咽喉“华戎所交”的敦煌，才能够在一个相当长的历史阶段里成为多元文化大放异彩的“国际都会”。

书系内容给我的另一个突出印象是它较好地体现了学术规范与创新精神相辅相成的辩证关系。敦煌学是一门在20世纪初兴起的新学问，其显著的学术特征，用陈寅恪先生的话来说，是“一时代之学术必有其新材料与新问题，取用此材料以研求问题，则为此时代学术之新潮流”（《< 敦煌劫余录 > 序》）。现在，敦煌学研究已有百年历程，其间人才辈出，成果丰硕。荣新江教授代表编委会为该书系撰写的“总序”里提出：“在21世纪，敦煌学的发展不仅仅要追求新材料，还要向其他学科学习，进一步更新方法，思考新问题。”“希望以跨学科的研究方法，从文献到历史，从文献到艺术，从文献到各个领域，把敦煌文献与历史、艺术等学科中的某个专题结合，把敦煌学的基础知识用新的方法、新的脉络串联起来，用新的视角来阐述敦煌学的各个方面。”这主要是对这套学术论著提出的创新性要求，各册著述在多大程度上做到了这些，可以请学界同仁与广大读者鉴定。我这里要强调的是力求创新与遵循学术规范的问题。我以为，材料、方法、问题的求新，仍然应该是在遵循学术规范前提或基础之上的创新，即材料力求准确、真实、齐备，需要在资料的搜集、选择与辨析上下一番功夫，亦包括对相关参考文献与国内外已有成果的如实、精当地征引与注释；在研究方法上力求正确、综合运用“二重（或多重）证据法”及源流、比较、特质研究，这些研究是建立在有丰富材料为依据的扎实基础之上的，而非“穿靴戴帽”式的空泛套用；在问题论证上则应做到立论明白、推论明晰、结论明确，不但持论平实，而且概念准确，推论符合逻辑思辨规律，切忌模棱两可和空论、大话。这些基本的学术规范，加上国际敦煌学著作的一些特殊要求（如洞窟及遗书、简牍、丝织品编号，专业术语，人名、地名、书名、

译名、俗语词、异体字等），书系编委会和各位作者进行过多次沟通，在审读初稿后也提出过一些改进建议，各册书的责任编辑也做了适当的技术加工，力求全书统一。因此，现在呈现在读者面前的这套书系，在力求遵循学术规范的前提下去追求学术创新，保证了它较高的学术水准和良好的学术品位。例如《敦煌文献避讳研究》一书，运用敦煌写本中大量汉文文献的语汇材料来研究避讳问题，提出“对于避讳学而言，敦煌文献是新发现的材料。对于敦煌学而言，避讳学则是可以借鉴的研究方法”。作者严格遵循避讳学研究的基本原则，先综述了宋代以前的避讳概况，又在介绍历代避讳研究概况与回顾敦煌文献避讳研究的基础上，进而具体分析敦煌文献避讳的特点、影响因素、方法，再深入到避讳字形与断代的探讨。避讳研究遵循历史学规范，俗语词研究遵循语言学规范，二者结合提出新的认识。这就不仅将避讳学的研究向前推进了一大步，而且将语词研究与历史研究相融合，拓展了敦煌学研究的新领域。既做到了在遵循公认的学术规范、尊重前人的学术成果积累的基础上进行创造性的学术思考，又能规范地采用新、旧材料，更新观念，拓宽视角，提出问题，综合运用各种方法，得出有新意的、有启示的、合乎规律的结论。由此可见，遵循规范是创新的基础与必要条件，创新是规范意义上的要求与目标，又是补充与发展规范的新条件、新基础。这套书系的多数作者是中青年学者，能够有这样的创新成果，确实令人欣喜。当然，这还只是一些初步的成功尝试，我们希望将来有更多更好的敦煌学论著不断面世，开创学术繁荣的新局面。

荣新江

北京大学历史系教授

从《讲座敦煌》到《敦煌讲座》

虽然现在是全球化的时代，有人说“汉学无国界”，但敦煌学还是有国界的。我想现在每一位研究敦煌学的中国学子，大概都知道20世纪80年代初流传的一种说法，即日本京都大学教授藤枝晃在南开大学讲演时说：“敦煌在中国，敦煌学在日本。”虽然藤枝教授是否说了这话现在也还众说纷纭，它更可能是南开一位教授介绍藤枝晃时说的话。但这种说法在那个时代也的确不错，中国当时刚刚走出“文革”，敦煌学也刚刚重新起步，和日本的整体水平不能同日而语，所以此话并不错，但在充满爱国主义精神的那个年代，这话激励了不少学子努力于敦煌学，要为国争光。

我们说20世纪80年代初中国敦煌学的总体水平与日本学者相差甚多，这可以拿日本学者当时编辑出版的一套《讲座敦煌》丛书（9本）来作证。这套书的最初规划，几乎囊括了当时最为活跃和有实力的敦煌学研究者，每卷都是由一两位名家主编，里面由相关学科的专家分别撰写相关章节，动员的人力、物力相当大。

《讲座敦煌》各个分卷以不同类别的敦煌文献为基础，对敦煌学的主要研究领域都做了通论性的阐述，可以说是代表日本当时敦煌学水平的高质量著作。这套书出版后，雅俗共赏，产生了不小的影响，不仅仅在日本，对于20世纪80年代重新起步的中国敦煌学来说，也贡献颇多。

从20世纪80年代以来，中国学者急起直追，30多年来，在敦煌学的许多方面都取得了突出的成绩，出版了大量学术专著。几年前，我们觉得现在编纂一套系统论述敦煌学各个方面的新丛书的时机已到，就和甘肃教育出版社的领导谈及这个想法，得到了非常积极的响应。于是，由柴剑虹、郝春文、荣新江、张涌泉、郑炳林五人组成编委会，经过多年的努力，现在摆在我们面前的这套《敦煌讲座》书系应运而出。

在这套书系的编写过程中，我承乏做了比较多的编辑工作，每本书都从头到尾翻阅过一两遍，对于这套书的总体内容略有把握。从初衷到结果，这套书从整体上来说，与《讲座敦煌》有着比较明显的区别或者说是进步。对此，我略加归纳如下：

1. 从文献研究到跨学科研究

上面提到，日本的《讲座敦煌》主要是以不同类别的文献为基础来讨论敦煌学的。现在30年过去了，各国收藏的敦煌文献资料基本上都已经刊布出来，敦煌石窟的图像资料也比较容易见到了。因此，我们编纂的《敦煌讲座》书系，力图区别于传统的敦煌文献研究，希望以跨学科的研究方法，从文献到历史，从文献到艺术，从文献到各个领域，把敦煌文献与历史、艺术等学科中的某个专题结合，把敦煌学的基础知识用新的方法、新的脉络串联起来，用新的视角来阐述敦煌学的各个方面。像《敦煌的佛教与社会》《敦煌三夷教与中古社会》《敦煌占卜文献与社会生活》，都是把两个方面结合起来，利用敦煌特有的资料来深入研究敦煌的佛教社会、中古中国的外来宗教和社会生活等，其意义也就不仅仅是敦煌了。比如我们对于敦煌佛教文献的概说，不是按照佛典的部类来谈有什么般若、法华、密教等类的经典，《敦煌佛典的流通与改造》是从文本形态与装帧形制、流传与管理、改编与再创造等动态的方面来阐述敦煌佛典的价值，也关注疑伪经、禅籍、三阶教经典、戒本等有特别价值的文献，以及礼忏文、讲经文等佛教社会所应用的文献。

2. 新人写新书

日本《讲座敦煌》的每一卷编者，像牧田谛亮、榎一雄、池田温、山口瑞风、福井文雅、田中良昭、金冈照光等，都是某个专业方面的大家，已经有不少自己的著作。而中国由于受到“文革”的影响，敦煌学的研究队伍青黄不接，现在在世的权威学者，都已经七八十岁，要以自己的力量在短时间里写一本书，对他们来说是个极大负担。所以，我们这套《敦煌讲座》书系的作者队伍，是以中青年敦煌学研究者为主，希望新人写新书。像冯培红、陈怀宇、余欣、陆离、窦怀永、王乐、李军、王媛媛、刘波、陈大为等，都是学有专长的青年人，在敦煌学的某个领域已经有了比较突出的贡献，现在以通论的方式，把相关领域的敦煌学研究成果系统地呈现出来。年轻学者往往是一个新的学术领域的开拓者或勇敢的探索者，他们贡献给本书系的著作有些就为敦煌学开辟了新的增长点。

3. 突出中国敦煌学的特色和成绩

《讲座敦煌》从最初设计的13卷到最后出版的9卷，其中自有苦衷。《敦煌讲座》按照最初的计划，也有更多一些选题列入书系，以便能够全面反映敦煌学研究的方方面面。但由于种种原因，我们也未能如愿，但也不能强求，目前总共21本的规模已经蔚为壮观。书系除了总结概说敦煌学各分支的内容外，其中一个特点就是突出了中国敦煌学研究的特色和成就。比如《敦煌书仪与礼法》的作者把熟悉的唐宋礼法的实际应用情况和书仪写本结合起来加以研究；《敦煌佛教与石窟营建》《敦煌石窟艺术总论》都是作者在敦煌本土长期观察敦煌石窟和佛教发展的关系、敦煌艺术载体在中国艺术史中的位置，以及对敦煌石窟艺术深刻体会的结果；支撑《敦煌丝绸》《于阗与敦煌》的研究成果，已经是国际敦煌学上经常发出的中国学者的声音，经过作者在已有论著上的总结、提高，成为概括性的著作。

4. 让敦煌学专业内外的人都能阅读的概论性著作

日本学术界是非常注重普及和提高之间的相辅相成的关系的，所以他们经常组织很多学者，以“讲座某某”的标题，撰写某个学科的系列概论性著作，达到对某一学科的总结和普及作用，比如关于中国历史的讲座系列，就有若干种。中国学术界不太注意普及的方面，也缺乏合作精神，所以我们的出版物中这类组织许多学者参加撰写的系列著作并不多见。我们编纂《敦煌讲座》书系，就是利用集体的力量，来撰写一套敦煌学各个分支领域的通论性著作。目前这 21 本著作的每一种，可以说是总结了百年来国内外敦煌学某个学科的研究成果，比较全面、系统地反映了敦煌学某一学科的研究成绩，代表着敦煌学的一个方面。而整个书系集合在一起，可以说代表了中国敦煌学研究的整体水平，它们是敦煌学研究者对中国学术的整体贡献。

我个人曾经把在北京大学讲授敦煌学的讲稿略加整理，写成《敦煌学十八讲》，一个意外的结果是，许多敦煌学圈子之外的人都阅读了这本书，从而了解了敦煌学的各个方面；同时，这本书也被荷兰著名的布里尔（Brill）出版公司选中，找人翻译成英文出版，在欧美学术界也引起反响。我想随着读书人知识的增长，会有更多的非敦煌学专业的人想要深入了解敦煌学的各个方面，《敦煌讲座》的每本著作可以说是某一分科领域的代表作，而且是通论性质的书，有利于敦煌学领域之外的人阅读和参考，也可以引导读者进入敦煌学相关领域的更深层面。

（部分有删减）

《敦煌讲座》书系

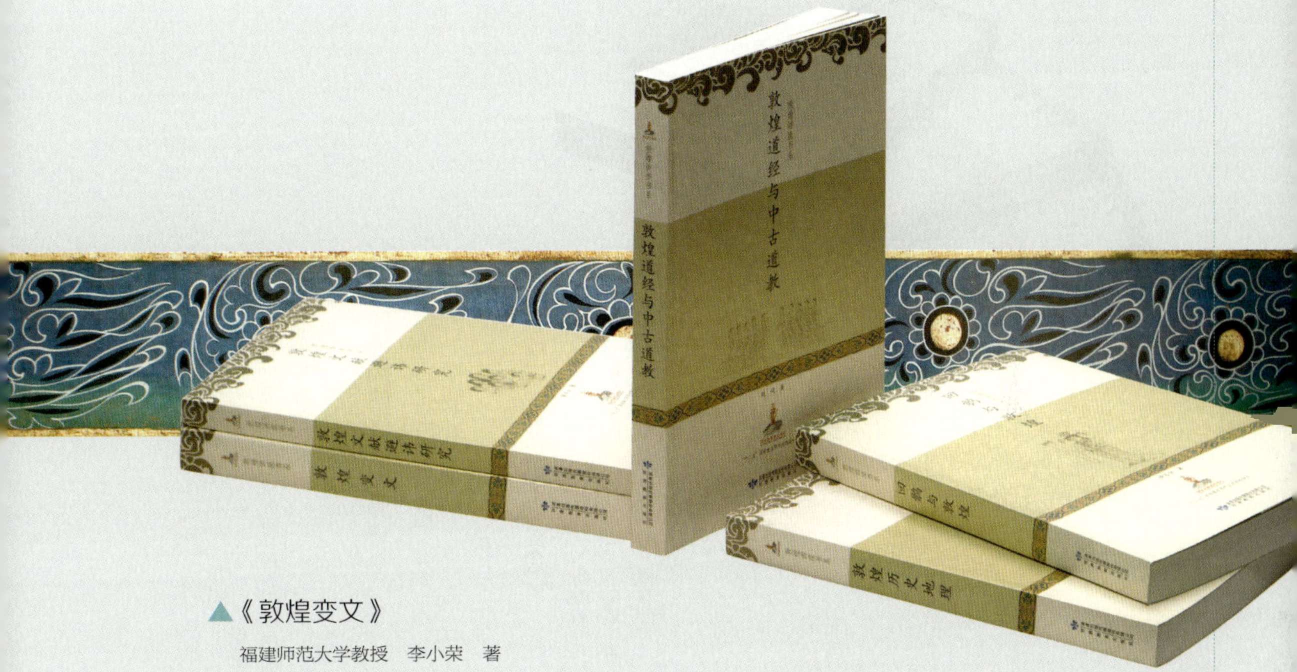

▲《敦煌变文》

福建师范大学教授　李小荣　著

2013 年 11 月出版

▲《敦煌文献避讳研究》

浙江大学古籍研究所副教授　窦怀永　著

2013 年 11 月出版

▲《敦煌道经与中古道教》

首都师范大学教授、博导　刘屹　著

2013 年 11 月出版

▲《回鹘与敦煌》

敦煌研究院民族宗教文化研究所所长、研究员　杨富学　著

2013 年 11 月出版

▲《敦煌历史地理》

兰州大学敦煌学研究所所长、兰州大学历史文化学院教授　郑炳林

西北大学历史学院副院长、教授　李　军　著

2013 年 11 月出版

《于阗与敦煌》

北京大学历史系教授 荣新江
兰州大学历史文化学院敦煌研究所教授 朱丽双 著
2013年12月出版

《敦煌的博物学世界》

复旦大学历史学系教授、博导 余欣 著
2013年12月出版

《敦煌三夷教与中古社会》

中山大学教授 姚崇新
中山大学副教授 王媛媛 著
美国亚利桑那州立大学助理教授 陈怀宇
2013年11月出版

《敦煌的佛教与社会》

首都师范大学历史学院教授、博士生导师 郝春文
上海师范大学人文与传播学院副教授 陈大为 著
2013年12月出版

《敦煌书仪与礼法》

中国社会科学院历史所研究员 吴丽娱 著
2013年11月出版

《敦煌的吐蕃时代》

南京师范大学社会发展学院历史系副教授 陆离 著
2013年11月出版

《敦煌讲座》书系

◀《敦煌的归义军时代》

兰州大学历史文化学院教授、博导　冯培红　著

2013 年 12 月出版

◀《敦煌佛教文学》

台湾南华大学敦煌学研究中心主任　郑阿财　著

2013 年 12 月出版

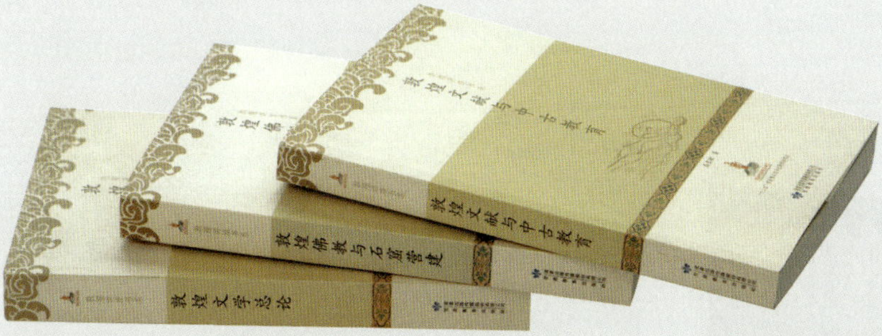

▲《敦煌文学总论》

西北师范大学文学院教授　伏俊琏　著

2013 年 12 月出版

▲《敦煌佛教与石窟营建》

敦煌研究院研究员　王惠民　著

2013 年 11 月出版

▲《敦煌文献与中古教育》

兰州大学敦煌学研究所教授　屈直敏　著

2013 年 12 月出版

《敦煌讲座》书系

《敦煌佛典的流通与改造》

国家图书馆研究馆员 林世田
山西师范大学历史与旅游文化学院副教授 杨学勇
中国国家图书馆古籍馆馆员 刘 波 著
2013 年 11 月出版

《敦煌石窟艺术总论》

敦煌研究院研究员、副院长 赵声良 著
2013 年 11 月出版

《敦煌丝绸》

中国丝绸博物馆副馆长 赵 丰
东华大学教授 王 乐 著
2013 年 12 月出版

《敦煌占卜文献与社会生活》

兰州大学敦煌学研究所教授、博士生导师 王晶波 著
2013 年 12 月出版

《敦煌写本文献学》

浙江省特级专家、浙江大学教授 张涌泉 著
2013 年 12 月出版

国际显学——敦煌学

敦煌藏经洞的出土文献，几乎涉及中国古代历史文化的各个方面，称得上是百科全书式的文献。中国古代文化的价值由于敦煌文献的发现而更进一步凸现出来，敦煌文献包含的博大精深的中国古代文明再次引起世界各国的广泛关注，在世界范围内产生了巨大影响。

▲《敦煌古代体育图录》

兰州理工大学丝绸之路文史研究所所长 李重申
深圳职业技术学院教授 李金梅 著
深圳大学体育学院教授 陈小睿
2011 年 7 月出版

敦煌文献的丰富内涵和珍贵价值，不仅受到中国学者的极大重视，而且吸引了世界许多国家的众多学者竞相致力于对它的研究，遂在20世纪形成了一门国际显学 —— 敦煌学。敦煌学与徽州学和藏学齐名，是中国三大地域文化之一，也是一门新的国际显学，在20世纪人文社会科学领域内大放异彩。

敦煌学是1900年敦煌藏经洞及其文献被发现之后诞生的一门学问。其研究对象开始于藏经洞文献，后逐步扩大，至今已有100多年的历史。

从敦煌学近百年的形成、发展过程看，大体可分为三个阶段：1900 — 1940年，敦煌文书的研究占主要地位；1940 — 1949年，不仅有敦煌文书的研究，也开展了对敦煌石窟、敦煌遗迹的研究；1950年至今，对敦煌学各个主要方面的研究都有了重大进展。

中国敦煌学的发展经历了创建期、发展期和繁荣期。改革开放近40年来，以中国敦煌吐鲁番学会会长季羡林和敦煌研究院段文杰、常书鸿、樊锦诗为代表的中国学者，不懈努力，开拓进取，中国敦煌学研究出现了空前繁荣的景象。

我国的敦煌学研究机制日益完善。研究队伍不断扩大，组建了新的研究机构和学术团体。敦煌文物研究所扩建为敦煌研究院（1984），高等院校设立研究机构的有北京大学的敦煌吐鲁番文献研究室、兰州大学的敦煌学研究所、西北师范大学的敦煌学研究所等，还有中国敦煌吐鲁番学会以及甘肃、浙江等省级敦煌学会。

在人才培养方面，经过近40年的努力，中国敦煌学的研究队伍日益壮大，形成了老、中、青结合的研究队伍，中青年专家正成为敦煌学研究的主力军。

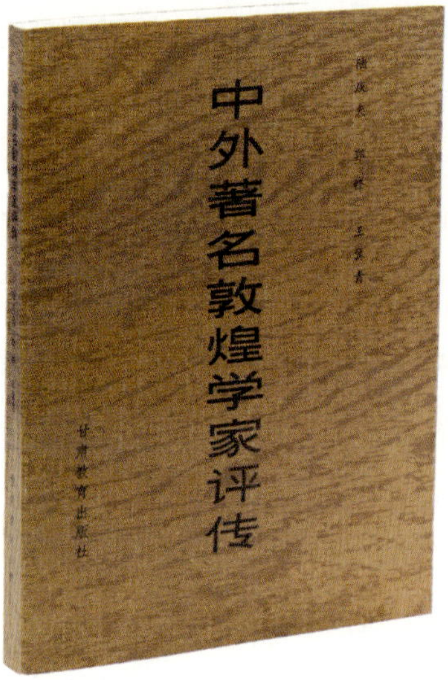

◀《中外著名敦煌学家评传》

原兰州大学历史文化学院教授、敦煌学研究所副所长　陆庆夫
原兰州大学历史文化学院教授　郭　锋　著
兰州大学敦煌学研究所教授、博士生导师　王冀青
1989 年 12 月出版

▶《敦煌学述论》

浙江大学历史系教授、博士生导师　刘进宝　著
1991 年 12 月出版

中国敦煌学研究取得了长足的发展和进步：一是珍贵文献的整理和刊布；二是系列的研究敦煌学的著作成果；三是敦煌石窟保护和艺术研究居于世界前列；四是敦煌文献的利用也有新的突破；五是对敦煌语言文学研究成绩斐然；五是少数民族历史语言、音乐舞蹈、科技及宗教的研究也获硕果。

除中国大陆外，我国的香港、台湾地区也活跃着一支敦煌学研究队伍。

自20世纪80年代以来，海峡两岸都有水平极高的成果面世，引起了国际敦煌学界的瞩目。现在我们可以自豪地说：敦煌是全人类的敦煌，敦煌在甘肃，敦煌在中国，敦煌学同样在中国；以国际视野和眼光也可以说：敦煌在中国，敦煌学在世界。

藏经洞发现后的10多年里，英、法、俄、日、德、美的一些汉、藏学家掠夺了一大批文献、文物和在洞窟内外拍摄了大量照片，使国外敦煌学具备了研究的资料基础。

华尔纳盗走的菩萨像 现藏哈佛大学博物馆

法国的敦煌学研究，在欧美国家中一直居领先地位。第二次世界大战后，法国敦煌学研究有了进一步发展，研究成果大量出现。法国还于近年整理刊布了《伯希和敦煌石窟笔记》，对敦煌学研究提供了不少有价值的史料。对敦煌文献中少数民族文献的研究，是法国敦煌研究的一大特色。

英国也是敦煌文献和文物收集的重要地方，斯坦因第二、第三次中亚考察的正式报告《西域考古图记》和《亚洲腹地考古图记》中就收录了他本人和当时各方面学科的专家所做的研究成果，敦煌各类写本和绘画分别由各科的专家进行全面整理和研究，汉文写本方面的代表是翟里斯和魏礼。在于阗文文献研究方面，剑桥大学的贝利做了全面的收集整理，成绩斐然。美术研究方面，英国博物馆的韦陀同日本讲谈社合作，将斯坦因所获西域敦煌艺术品整理出版了一部三卷本的《西域美术》，对敦煌艺术的研究帮助很大。

俄罗斯有计划地开展敦煌学研究，是从1957年在列宁格勒东方学研究所设立敦煌学研究组开始的，代表人物是孟列夫和丘古耶夫斯基。

《国际敦煌学丛书》

（共二册）

王冀青／著

《斯坦因第四次中国考古日记考释》

《斯坦因与日本敦煌学》

兰州大学敦煌学研究所教授、博士生导师　王冀青　著

2004 年 12 月出版

荣获首届中华优秀出版物（图书）奖（2006 年）

斯坦因一生中在中国进行了四次考古活动，关于前三次中国考古活动，斯坦因本人撰写有总计 11 卷的详尽报告书以及大量游记、论文等，因此早已为国际学术界所熟知。但是关于斯坦因第四次中国考古，由于他本人从来没有发表过任何报告书和游记，所以一直不为国际学术界所知，成为一段空白。《斯坦因第四次中国考古日记考释》一书的作者从 1985 年起研究斯坦因第四次中国考古，于 1989 年起赴英国研究斯坦因考古档案，1995 年在牛津大学首次发现斯坦因第四次中国考古旅行日记的手稿原件。后十余年，作者对斯坦因第四次中国考古日记潦草模糊的手稿加以整理翻译，再结合自己的考释研究成果，阐述了斯坦因第四次中国考古的详细过程，弥补了这段空白。全书涉及斯坦因 1930 年 8 月 11 日至 1931 年 7 月 2 日的日记，根据行程分为 20 大部分，每大部分都由日记汉译和考释两节构成。西方学者或作家的手稿以中文本的形式首次刊布于世，这在历史上是个创举，在全世界范围内也是前所未有的事情。

《斯坦因与日本敦煌学》的作者从 1989 年起对英国藏斯坦因档案中涉及日本敦煌学史的英文资料加以整理、翻译，从 1991 年起在日本搜集日本敦煌学史的日文资料，经过全方位的考释和研究，撰写成此书。本书除了根据日文史料对日本敦煌学家调查整理斯坦因搜集品的活动加以系统叙述之外，重点刊布了英国牛津大学藏斯坦因手稿中的大量日本敦煌学史英文资料，包括斯坦因和日本敦煌学家之间的往来通信，斯坦因在日本撰写的旅行日记和游记等等。本书的内容绝大多数都是世界上首次刊布的研究成果，既是斯坦因研究的最新成果，也是日本敦煌学史研究的最新成果，在许多方面填补了学术界的空白。

王冀青

兰州大学敦煌学研究所教授

博士生导师

《斯坦因与日本敦煌学》

日本敦煌学在国际敦煌学领域内独树一帜，甚至在相当长的时间里代表着国际敦煌学研究的发展方向，并深刻影响着其他国家的敦煌研究进程。众所周知，日本文化在其发展过程中深受中国古代文化的影响。因此，当斯坦因等近代西方考古学家在中国西北地区发掘出大批与日本文化渊源有关的中国古代文物之后，尤其是当斯坦因和法国汉学家、探险家保罗·伯希和先后将敦煌莫高窟藏经洞出土文物劫往欧洲之后，日本的学术、宗教、文化界立即做出了强烈的反应，日本的敦煌学研究便快速兴起。

无论是斯坦因研究，还是日本敦煌学史研究，都可以称得上是国际敦煌学史研究中最重要的课题。无论从斯坦因研究的角度看，还是从日本敦煌学史研究的角度来看，斯坦因与日本敦煌学之间的关系肯定是值得深入探究的新领域。2003 年，甘肃教育出版社正式决定出版《国际敦煌学丛书》，我给出版社交去的第一部书稿，便是这部《斯坦因与日本敦煌学》。本着内容决定形式的原则，我写这本书时没有采用章节体，而只是简单地列了 42 个小标题，尽量地按照斯坦因生平的时间顺序排列，以斯坦因的生与死为全书的起首和结尾。出版本书的目的之一，是为国内的研究者提供难以看到的外文资料，因此对于所涉及的资料，无论是档案资料还是文献资料，无论是英文文献还是日文文献，我在翻译和排列时都尽可能完整地全部翻译成汉文，以引文的形式保留原貌。

《斯坦因第四次中国考古日记考释》

众所周知，斯坦因是近代中亚考察史或者说中国西北考古史上最重要的人物之一，他一生中在中国西北新疆、甘肃等地区进行过四次以考古为主要目的的所谓“中亚考察”。斯坦因的前三次中亚考察，被西方学术界认为是“成功”的考察，因而受到普遍重视。他的第四次中亚考察于1930年至1931年间在中国新疆进行，由美国哈佛大学和英国大英博物馆联合资助。斯坦因在结束第四次中亚考察之后，出于种种考虑，没有撰写出版过任何有关这次考察的初步报告书、考察游记或详尽报告书。除了在英国一些报刊上发表过一两篇谩骂中国知识分子的短文外，斯坦因生前也没有发表过任何有关第四次中亚考察的文章。由于当事人的沉默，原始资料和研究论著的匮乏，国际学术界长期以来对斯坦因第四次中亚考察的详细细节了解甚少。迄今为止，还没有一部有关斯坦因第四次中亚考察的专门著作问世。西方学者偶尔在斯坦因传记中提及斯坦因第四次中亚考察，但碍于所涉问题之敏感，往往只用一章的篇幅简单地勾勒出个粗线条来，语焉不详，观点片面，错误百出。对于这样一个在中国近代史和中国西北考古史研究领域都具有研究价值的重大事件，对于这样一个在学术界长期存在的未解之谜，中外学术界的许多人都会自然而然地加以关注。

我本人就属于对斯坦因第四次中亚考察素怀浓厚兴趣的这一类人。斯坦因第四次中亚考察日记是我们站在当事人的角度了解这次考察进程的唯一依据，因此这部日记在中亚考察史和中国西北考古史研究方面具有不可替代的史料价值。

我刊布斯坦因第四次中亚考察日记的初衷，是想完整地给学术界提供这部日记的原文，以便于其他专家可以利用这些原始资料研究有关的课题。但同时，我又想将自己在整理、翻译斯坦因第四次中亚考察日记过程中产生的点滴心得公之于众。于是我的这本书由两部分构成：第一部分是日记中译本，第二部分是考释。本书是教育部人文社会科学重点研究基地重大科研项目“英国藏斯坦因敦煌考古档案文献研究”的成果之一。本课题的研究经历了一个十分漫长的阶段。

▶《敦煌碑铭赞辑释》

兰州大学敦煌学研究所所长、兰州大学历史文化学院教授　郑炳林　著

1992 年 7 月出版

日本的敦煌学研究始于1909年。二战以前，日本的敦煌学研究主要是收集、整理和刊布资料，从20世纪50年代开始，因为找到了一度不知去向的大谷文书，又得到伦敦、北京所藏敦煌文献的缩微胶片，日本的敦煌学研究进入又一个高潮，《西域文化研究》被誉为是包括敦煌学在内的日本中亚研究的金字塔。日本敦煌学不仅研究敦煌文献，而且还研究敦煌石窟艺术。70年代以来，在获得更多的文献资料的基础上，日本的敦煌学研究向更深、更广的方面发展，并在佛教研究、社会经济史研究和法制文书研究等方面形成了日本敦煌学的特色。从1980年开始编纂并陆续出版的9卷本巨著《讲座敦煌》，是一项大规模的集体合作研究成果。日本几乎动员了全国的敦煌学学家，因而《讲座敦煌》是一部质量上乘、全面综合敦煌学研究成果的著作。

匈牙利、荷兰、挪威、瑞典、意大利、德国、美国、加拿大、澳大利亚、新加坡、韩国、印度等国，都有多少不等的学者在从事敦煌学研究，从而在世界范围内形成敦煌学研究的热潮。

回眸百年敦煌学历程，敦煌学研究从小到大，从零到系统，从无序到有组织、有规划，研究保护相得益彰，取得了举世瞩目的成就。敦煌学已成为一门国际性的热门学科，其发展有几点表现很明显：

一是宏观研究和微观研究并行发展，一方面把敦煌学摆到整个东方文化中来把握，另一方面对文物、文献本身做细致的考订与研究，两者互为补充，共同发展；

二是国际性的合作研究进一步加强；

三是研究内容进一步拓展，把敦煌遗书与石窟艺术的研究与整个丝绸之路联系起来。

随着国家“一带一路”倡议的有序落实，西部深厚的文化积淀、神奇的自然景观和人文景观必将对外界产生非常大的吸引力，人们会越来越多地关注西部。敦煌学是一门年轻的学问，在未来还有大量的工作要做。敦煌学研究要为西部开发、西部振兴服务，也是新世纪敦煌学广大专家、学者责无旁贷的历史使命。我们相信，敦煌学的明天将更加美好！

《敦煌学专题研究》丛书

（共五册）

敦煌研究院/编

《敦煌学专题研究》丛书以敦煌文献及石窟资料为基础，从敦煌民俗、科技、边塞文学、变相与变文、图像等五个方面进行专题性研究。著者充分借鉴以往相关研究的视角和成果，结合多种研究方法，资料丰富，征引精当，推论明晰，具有重要的学术意义和较高的参考价值。

樊锦诗

原敦煌研究院院长

要对石窟内容做深入研究，还必须结合藏经洞出土文献和有关历史资料，《敦煌民俗——丝路明珠传风情》在这方面做到了和谐的统一，将壁画从平面到立体，从图像到生活再现在世人面前。民俗显示着不同民族在不同时代、不同文化背景和不同社会环境下的历史痕迹。敦煌民俗不但促进了中国民俗的兴替演进，并且为我们了解古代社会提供了宝贵的信息。这对敦煌民俗的研究是一项有意义的工作。

张道一

原东南大学艺术系教授
博士生导师

《敦煌变相与变文研究》

“变文”与“变相”分属于文学和绘画两个学科。在过去，文学界对“变文”的研究较多，相比之下，“变相”的研究便较薄弱。近年来，于向东君潜心于佛教艺术的钻研，多次前往敦煌，研究探讨了敦煌“变相”与“变文”的关系，并且有所扩展，联系到“变文”讲唱与皮影戏表演，材料充实，成绩斐然，说清了美术史上一些长期未解决的问题，实在是一大功德。

王渝生

中国科学技术馆馆长
中国科学技术史学会秘书长

近百年来，国内外发表的有关敦煌学的论著真是汗牛充栋，但是像王进玉撰写的《敦煌学和科技史》这样的敦煌科技史领域的巨著尚属首次，本书的创造性自不待言。全书 15 个专题，充分体现了敦煌学研究中古代科技领域的特色，结束了国内外迄今未有人对敦煌科技史全貌做系统研究的状态，也填补了中国科学技术史在这一研究领域的空白。

《敦煌学专题研究》丛书

▶《敦煌民俗——丝路明珠传风情》

敦煌研究院研究员 谭蝉雪 著

2006年6月出版

▶《敦煌边塞文学研究》

东南大学人文学院副教授 邵文实 著

2007年4月出版

▶《敦煌学和科技史》

入选第三届“三个一百”原创图书出版工程

敦煌研究院研究员 王进玉 著

2011年4月出版

▶《敦煌变相与变文研究》

东南大学艺术学院教授 于向东 著

2009年1月出版

▶《敦煌图像研究——十六国北朝卷》

入选第一届“三个一百”原创图书出版工程

敦煌研究院考古研究所原所长 贺世哲 著

2006年6月出版

莫高窟第272窟 菩萨

与敦煌的不解之缘

敦煌，自古以来就是古丝绸之路的“咽喉”，也是中西文化交流的主要通道。季羡林先生指出：“世界上历史悠久，地域广阔，自成体系，影响深远的文化体系只有四个，中国、印度、希腊、伊斯兰。而这四个文化体系汇流的地方只有一个，这就是中国的敦煌和新疆地区。”东西方文化的激烈碰撞与交融成就了博大精深的敦煌文化。

▼《感通敦煌——佛教传播中的神异故事》

敦煌研究院考古研究所所长、研究员　张小刚　文
敦煌研究院文物数字化研究所　　　　宋利良　图
2016 年 7 月出版

敦煌文化是一种在中原传统文化主导下的多元开放文化，是在甘肃这块神奇的土地上孕育产生的，是甘肃文化资源的龙头和旗帜。20世纪70年代以前，甘肃敦煌类图书的出版几乎是一片空白。自70年代以后，随着国内学术研究氛围的改善，作为国际显学的敦煌学逐渐升温，甘肃敦煌类图书的出版也因此得到长足发展，甘肃教育出版社出版的敦煌学图书种数约占全省敦煌类图书出版总数的1/3。

经过多年努力，甘肃教育出版社在敦煌文化类图书的出版方面做到了高端学术著作、中端推介著作、低端大众读物科学搭配，各有侧重，形成了“金字塔”型的出版结构。甘肃教育出版社将一如既往地做好一名以敦煌文化、丝路文化为主要出版内容的专业出版者和历史优秀文化的坚定传承者！

莫高窟第196窟 菩萨

《陇文化丛书》

（共十册）

主编／胡大浚

荣获第十二届中国图书奖（2000 年）

《陇文化丛书》撷取了神话与古史传说、彩陶、秦汉简牍、河西走廊魏晋墓葬画、长城、丝绸之路、石窟、晋唐小说创作、敦煌遗书、民族文化等陇文化中最具有特色和价值的10个方面，图文并茂地系统介绍了甘肃文化，揭示了陇文化的概貌，深刻体现了陇文化特有的精神内涵。

胡大浚

西北师范大学中文系教授

在中国广袤的西北高原，有一片神奇的土地，这里曾孕育着中华最古老的创世神话，燃烧着原始文明的灿烂火光；中国大规模的畜牧养殖和农耕文明的曙光曾在这里升起，周、秦王朝的先祖由此创业兴邦；在中国漫长的封建时代，这里曾谱写出汉唐盛世强大的武功，弹响中华统一、民族融合团结的乐章；在它儒家文化的躯体里，涌动着佛陀、伊斯兰等多元文化的血液，横贯全境的丝绸古道是承载华夏文明走向西方的脊梁……它，就是我们的甘肃省，中华古史颇具显赫地位的陇右、河西地区。

文化演进的历史表明：在中华文化的母体上有其不同的分支派系；辽阔的国土上由于地理环境和历史生活的差异形成各具特色的地域文化，既互相联系影响，又有各自发展的内涵与步伐。古代甘肃——陇右或谓河陇地区，就是这样一个独具特色的地域文化区，在中华民族文化苑囿中，以其独特的自然人文条件涵育出了色彩瑰异的地域文化之花，散发着醉人的异香！

“万顷平田四畔沙，水流依旧种桑麻”，至为典型地绘写了这种在荒漠上栽种文明的精神。历代甘肃人民，正是以这种不畏劳苦、坚韧淳朴和武毅犷厉的品格，写下了一部拌和着血泪和欢乐、荣辱与恩仇的陇原开发史，尤其在汉、唐之际千年中，创造了为全国瞩目的经济文化成就。仅就文化学术而言，除了早已见诸载籍的汉晋陇右学术、晋唐陇右小说、唐代之边塞文学、风靡天下的西凉乐舞，皆光耀史册而外，百年来在甘肃各地出土的为数众多的彩陶、大量秦汉简牍、敦煌藏经洞发现的数万卷古文书，以及分布全省各地灿若群星的佛教石窟艺术和河西魏晋墓葬内容丰富的彩绘砖画，无不一旦被发现，便产生震惊世界的巨大影响，可见甘肃的地下文物更异乎寻常地灿烂辉煌！正是它们，形成甘肃地区极具特色的文化群落，构成中国文化史的重要篇章。它们的陆续发现，正在为我们一一揭去宋、元以来的衰颓蒙在甘肃脸上的尘垢与面纱，让我们重新认识陇右文化的厚重底蕴、宽广襟怀，把握它沉雄的脉搏和奇异之风采。这当亦有助于我们梳理甘肃文化发展的历史过程，探求这开发至早、渊源至深的文化之流，何以变化至大，前盛而后衰；在干旱的黄土、戈壁之下，寻找重新喷涌的泉脉。

从传统中汲取面向未来的力量！了解古代甘肃，开发建设现代化的新甘肃！开发西北，振兴中华！这是我们编纂这套“陇文化丛书”的基本思考和出发点。

当新世纪的钟声敲响，我们翘首遥望地平线上喷薄涌动的曙光……

尹伟先

西北民族大学历史文化学院教授
博士生导师

甘肃独有的地理位置注定了它必将在中国历史上占据重要的地位。古往今来，作为中西交通要道所在，甘肃这块贫瘠的土地，积淀了深厚的中西文化底蕴。换句话说，作为丝绸之路重要一环的甘肃，蕴藏了许多具有重要学术价值的文化资源。当前，学界对于甘肃历史文化的研究更多地集中在敦煌学研究这一块，而对其他方面的研究仍然比较欠缺。以往我们所见的关于甘肃历史文化研究方面的论述，也多散见于不同学者的个别的关于地方文化研究的论文和著作之中。像西北师范大学教授胡大浚主编的《陇文化丛书》这样，积多年研究之功力，并广泛吸收该领域最新研究成果而撰成的全景式集中展示甘肃灿烂历史文化及古迹的研究成果，还是比较少的。这无论是对于甘肃历史文化发展的研究，还是对于甘肃古代遗迹的保护传承，都是一件功德无量的事情。

《陇文化丛书》内容所及，全面、独特。其中涉及了大量的关于甘肃历史文化的详细数据。这为学界的其他研究人员提供了十分准确的第一手资料，它对于学者们研究甘肃地区历史文化发展状况以及进一步修葺和完善西北地区的历史文化文献具有十分重要的意义。因此，出版价值很高。

杨富学

敦煌研究院民族宗教文化研究所所长、研究员

甘肃作为古代丝绸之路的重要通道，留存有丰富的古代文化遗存，这其中就有造型精美的彩陶、气势雄伟的长城、尘封千年的敦煌遗书。一直以来，西北考古界涌现出了一大批优秀的中青年学者，他们在此学术研究的春天里，焚膏继晷，锐意进取，在西北地区的民族宗教文化研究领域也大有作为，成绩斐然。

本套书是前人在零散的研究成果基础上进行的全面、系统的总结，是西北地区历史文化研究的集大成之作，代表了甘肃历史文化研究的整体水平，它将成为国内最新的系统阐释陇原文化的通论性、系统性的著作。这种集大成的地方文史类论著在以往的学术界并不多见。

这套书的编委及作者都是当今地方学界颇有影响的专家学者，可以代表当今中国西北地区陇文化研究的最高水平，从而保证了这套书的权威性、科学性。

这套书在写作中突出一个“新”字。本套丛书区别于传统的地方文化研究专著，是以跨学科的研究方法，从文献到历史，从文献到艺术，将甘肃的历史文化以新的方法、新的脉络串联在了一起。

本套书的策划出版，对于进一步推进甘肃历史文化具有里程碑式的意义，能够起到总结过去、开创未来的作用，不仅具有重要的学术价值，而且也具有重要的出版意义。

《陇文化丛书》

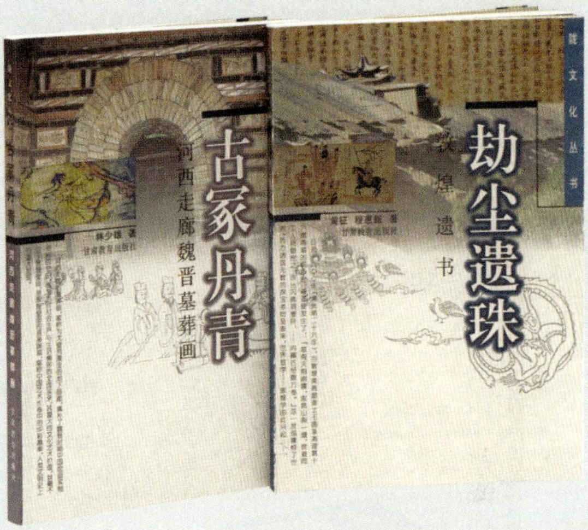

▶《劫尘遗珠——敦煌遗书》

南京师范大学教授 黄 征
浙江大学图书馆古籍部研究馆员 程惠新 著
1999 年 7 月出版

▶《古冢丹青——河西走廊魏晋墓葬画》

上海大学影视艺术技术学院教授、博士生导师 林少雄 著
1999 年 7 月出版

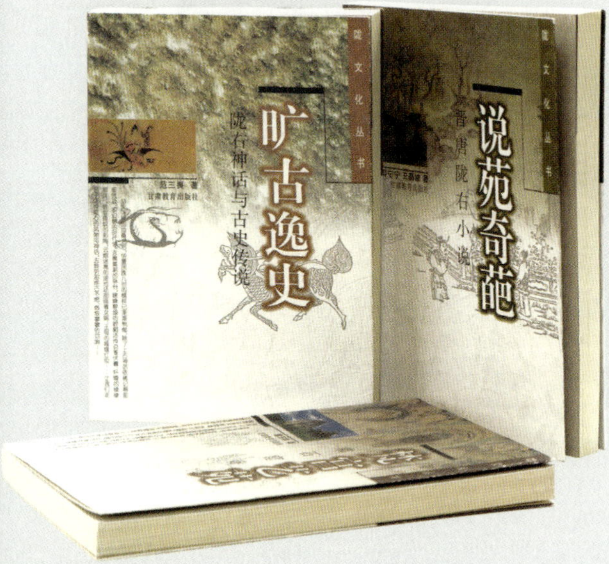

▶《说苑奇葩——晋唐陇右小说》

西北师范大学文史学院教授、博士生导师 邵宁宁
兰州大学敦煌学研究所教授、博士生导师 王晶波 著
1999 年 7 月出版

▶《旷古逸史——陇右神话与古史传说》

西北师范大学文学院教授 范三畏 著
1999 年 7 月出版

▶《梵宫艺苑——甘肃石窟寺》

甘肃省文物考古研究所研究员 董玉祥 著
1999 年 7 月出版

《陇文化丛书》

《竹木春秋——甘肃秦汉简牍》

西北师范大学历史系教授　王震亚　著

1999 年 7 月出版

《瀚海驼铃——丝绸之路的人物往来与文化交流》

西北师范大学文史学院教授、硕士生导师　杨晓霭　著

1999 年 7 月出版

《西塞雄风——陇右长城文化》

原政协嘉峪关市委员会副主席　薛长年　著

1999 年 7 月出版

《风鸣陇山——甘肃民族文化》

中共甘肃省委党校主任、教授　关连吉　著

1999 年 7 月出版

《洪荒燧影——甘肃彩陶的文化意蕴》

上海大学影视艺术技术学院教授、博士生导师　林少雄　著

1999 年 7 月出版

千古沧桑话陇右

QIANGUCANGSANG HUALONGYOU

陇右，原指陇山以西地区，约当今甘肃省黄河以东，陇山及其支脉六盘山以西地区。唐代置陇右道，辖境延达河西走廊及其周边今青海、新疆部分地区。后人习惯上多以陇右泛指今甘肃省地区，既包括古时河西走廊诸州郡，也涵盖今甘肃庆阳、平凉等陇东之地。

▲《走进西部甘肃》

甘肃省旅游发展委员会副巡视员 张华 著

2006年12月出版

▲《陇右文化丛谈》

西北师范大学中文系教授 胡大浚 主编

1998年7月出版

位于黄河中上游的甘肃，历史悠久，文化源远流长；版图辽阔、地形独特，处于黄土高原、内蒙古高原和青藏高原的交汇处；自然环境优劣相兼，大部分地区气候比较温暖、湿润，草木茂盛，河流纵横，宜于生息耕作。考古资料证明，甘肃是中华文明的重要发祥地之一。从很早的古代起，中华民族的祖先就劳动、生息、繁衍在这块广袤的土地上，创造了辉煌灿烂的陇右文化。

作为华夏文明重要发祥地之一的陇右地区，在中华古代历史上占有非常显赫的地位。回顾历史，不同历史时期崛起于西北的各个游牧民族为进一步向文明挺进而问鼎中原，莫不要足踏河陇大地，这使得甘肃这片土地成为古代民族大迁徙、大融合的黄金舞台，也成为历代中原王朝和少数民族政权攻占争夺的前沿阵地。

中原王朝对陇右长期有效的经营，促进了汉唐丝绸之路的繁荣，而丝绸之路的繁荣发展必然促进陇右经济及文化的发展繁荣，两者相辅相成，互相促进。尤其在汉唐之际千年中，陇右地区创造了中国历史上举世瞩目的经济文化成就。

《华夏文明之源·历史文化》丛书

（共二十三册）

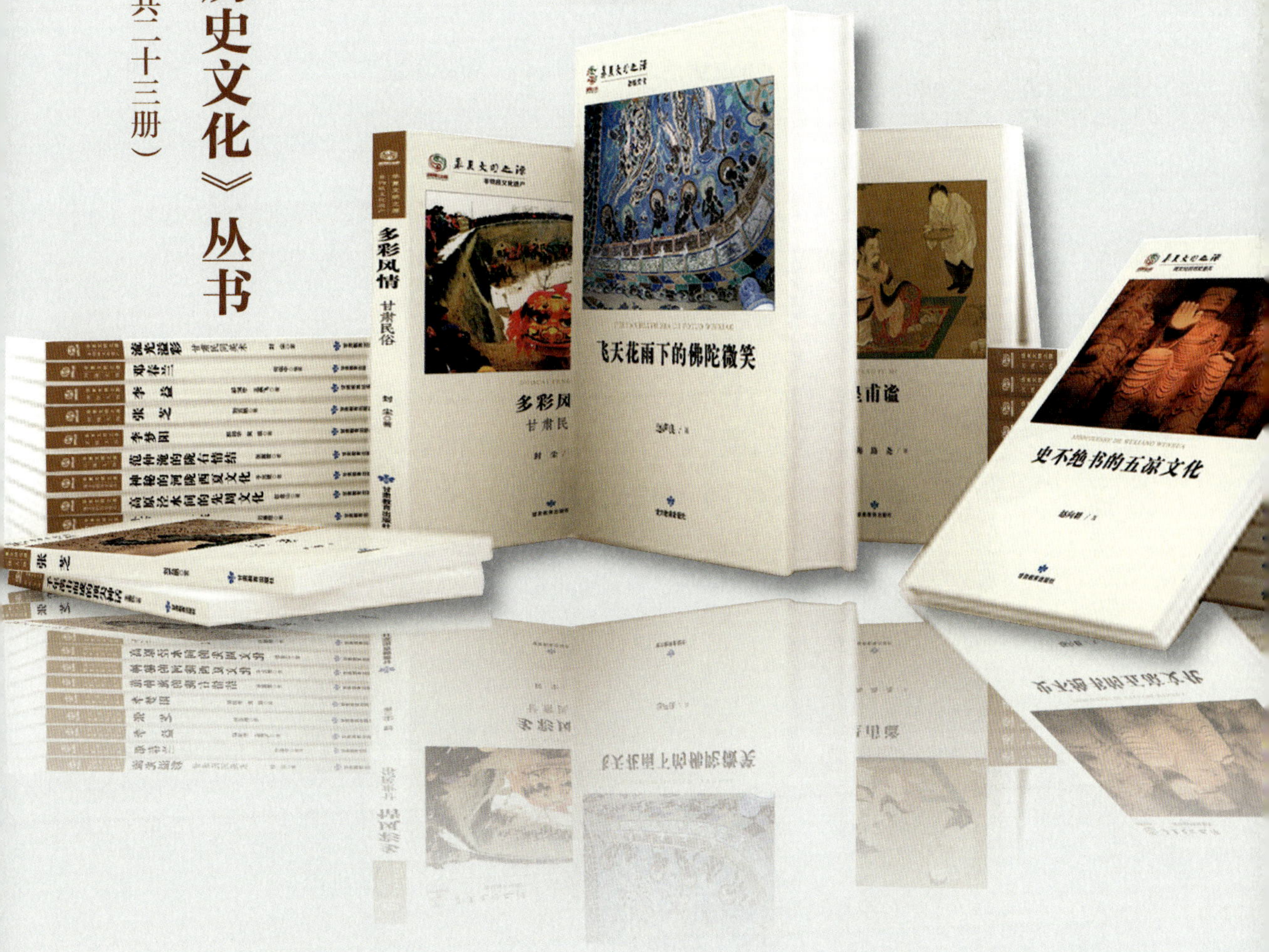

入选华夏文明传承创新区古（典）籍整理出版项目

《华夏文明之源·历史文化》丛书以全新的文化视角和全球化的文化视野，深入把握甘肃与华夏文明史密切相关的历史脉络，充分挖掘甘肃历史进程中与华夏文明史有密切关联的亮点、节点，以期探寻华夏文化发展的脉络、民族交融的驳杂色彩、宗教文化流布的轨迹和历史演进的关联，多视角呈现甘肃作为华夏文明之源的文化独特性和杂糅性，生动展示绚丽甘肃作为华夏文明之源的深厚历史文化积淀和异彩纷呈的文化图景，全面展示了甘肃在华夏文明史上的历史地位和独特贡献，力求将一个多元、开放、包容、神奇的甘肃呈现给世人。

雷达

文学评论家
兰州大学文学院教授
博士生导师

文化是一种社会历史现象，也是一个国家和民族的灵魂和象征。在中华文化的历史时空中，陇文化辽远广阔，气象万千，同时，由于封闭，因而文化原貌完整，文化生态良好。然而，也正是由于相对封闭，她的精髓和风采，她的独特和丰赡，未能为世人所真正了解。于是，如何准确介绍和科学阐释甘肃文化就是当代学人责无旁贷的工作。可惜，多年来，尽管研究甘肃历史文化的著述不少，但全面系统地介绍甘肃历史文化的著作却不多见。由读者出版传媒股份有限公司全力打造的《华夏文明之源·历史文化》丛书在这方面开了好头。这套书遵照历史发展的基本脉络，分门别类地系统描述了甘肃历史文化的发展和轨迹及主要成果。构思别致，内容丰富，文字优美，令人耳目一新，让读者更全面、更深刻地理解甘肃文化。

本套丛书的出版，也契合了国家“一带一路”经济圈战略和甘肃“华夏文明传承创新区”建设的主体思路，以全新的文化视角和广阔的文化视野，生动地展示了华夏文明之源——甘肃光辉灿烂的历史文化积淀和异彩纷呈的文化图景，客观地揭示了甘肃在华夏文明史上的历史地位和突出贡献，对呈现和传播甘肃丰富多彩、积淀深厚的优秀文化，推动甘肃文化大发展、大繁荣具有特殊意义。

古老神奇的甘肃大地，无愧于“华夏文明之源”的嘉名。遗憾的是，甘肃的渊厚博大，即使在全媒体时代的今天，仍然远未得到国人和世界的广泛深刻的认知。这套丛书以新颖的视角、眼光和语汇，重绘了甘肃气象万千的人文史诗，登高望远，赏心悦目，应予大力肯定。

柴剑虹

中国敦煌吐鲁番学会副会长兼秘书长
中华书局编审

华夏文明是世界上最古老的文明之一。甘肃作为华夏文明和中华民族的重要发祥地，不仅是中华民族重要的文化资源宝库，而且参与谱写了华夏文明辉煌灿烂的篇章，为华夏文明的形成和发展做出了重要贡献。距今 8000 年的大地湾文化，拥有 6 项中国考古之最；兴盛于距今 5000—4000 年之间的马家窑彩陶文化，以其出土数量最多、造型最为独特、色彩绚丽、纹饰精美，代表了中国彩陶艺术的最高成就，达到了世界彩陶艺术的巅峰；周、秦王朝的先祖在甘肃创业兴邦，最终得以问鼎中原，从而形成了农牧并举、华戎交汇为特征的早期秦文化；汉唐之际“丝绸之路”繁荣了近 10 个世纪，甘肃成了率先接受西方物质、精神文明洗礼，融胡汉东西文明为一体，日益开放、日益发展、日益繁荣的地区。从此，这种深厚的文化积淀便一直保持了下去。

本套丛书集甘肃省文化精英之力量与国内优秀的创作团队，立足学术背景，采用叙述体的写作风格和讲故事的书写方式，力求使该丛书做到历史真实、叙述生动、图文并茂，融学术性、故事性、趣味性、可读性为一体，我认为真正是一套书写“华夏文明之源”暨甘肃历史文化的精品人文读本。

读者出版集团立足甘肃，放眼全国，心系丝路，情怀敦煌，着力打造创新精品，推出《华夏文明之源·历史文化》丛书，展现荟萃多元、异彩纷呈、积淀深厚的精神家园，为传承中华文化做出了新贡献。可赞可贺！故乐于为之推荐。

源远流长河陇情，多元荟萃丝路缘。

图文并茂新书系，“读者”敢为天下先！

《华夏文明之源·历史文化》丛书

《范长江陇原行》
河北大学新闻传播学院副教授　张金凤　著
2015年6月出版

《皇甫谧》
兰州大学教授、博导　雷恩海
兰州大学文学院研究生　路　尧　著
2014年12月出版

《张芝》
甘肃省文联文艺理论研究室　刘云鹏　著
2014年12月出版

《流光溢彩——甘肃传统美术》
甘肃非物质文化遗产保护中心　封尘　著
2016年10月出版

《神秘的河陇西夏文化》
宁夏大学西夏学研究院副教授　于光建　著
2014年12月出版

《华夏文明之源·历史文化》丛书

《多彩风情——甘肃民俗》

甘肃非物质文化遗产保护中心　封尘　著

2015 年 3 月出版

《张澍》

武威市文史学者　柴多茂　著

2016 年 10 月出版

《古代陇右传奇作家》

兰州大学敦煌学研究所教授、博士生导师　王晶波　著

2016 年 7 月出版

《杜甫陇上萍踪》

天水师范学院历史文化学院教授　刘雁翔　著

2014 年 12 月出版

《李益》

西北师范大学文学院教授、博士生导师　郝润华

西华大学地方文化资源保护与开发研究中心讲师　王燕飞　著

2014 年 12 月出版

《史不绝书的五凉文化》

西北师范大学教授　赵向群　著

2014 年 12 月出版

▶《邓春兰》
酒泉中学高级教师 何端中 著
2014 年 12 月出版

▶《李梦阳》
西北师范大学文学院教授、博士生导师 郝润华
陇东学院文学院讲师 吴 娱 著
2014 年 12 月出版

▶《佛光照耀下的三危山》
四川大学历史文化学院博士研究生 魏健鹏
陕西师范大学历史文化学院教授、博士生导师 沙武田 著
2017 年 6 月出版

▶《藏经洞打开了百年悲欢》
天水师范学院历史文化学院讲师 王睿颖 著
2015 年 12 月出版

▶《高原泾水间的先周文化》
西北师范大学文学院教授 彭金山 著
2014 年 12 月出版

▶《左宗棠与近代甘肃社会》
兰州大学历史文化学院副教授 赵维玺 著
2016 年 1 月出版

《华夏文明之源·历史文化》丛书

◀《绿洲上的乐舞》

中国艺术研究院舞蹈研究所研究员、博士生导师　王克芬
中国敦煌吐鲁番学会副会长兼秘书长、中华书局编审　柴剑虹　著
2015 年 7 月出版

◀《飞天花雨下的佛陀微笑》

敦煌研究院研究员、副院长　赵声良　著
2015 年 1 月出版

◀《千年凿击而成的顶尖神话——莫高窟》

敦煌研究院考古所研究员　王惠民　著
2014 年 12 月出版

▶《秦早期文明追迹》

西北师范大学历史文化学院副教授　陶兴华　著
2016 年 10 月出版

▶《范仲淹的陇右情结》

西北民族大学预科教育学院副教授　张冀震　著
2014 年 12 月出版

▶《寓陇诗人的悲喜记忆》

西北师范大学文学院副教授　冉耀斌　著
2015 年 12 月出版

辉煌灿烂的陇右文化

随着汉、唐统一伟业的成就及丝绸之路的繁荣，陇右成为中原连系西北乃至中亚、西亚，远达非洲、欧洲的“咽喉”和纽带。横贯全境的丝绸古道是承载华夏文明走向西方的脊梁，这赋予陇右文化以特殊的品格。陇右以其独特的自然人文条件涵育出了色彩瑰异的地域文化之花，散发着醉人的异香！

陇右灿烂的史前文化曾开启了中华民族的文明之船。周、秦崛起于秦陇之间，为中华古文化谱写了辉煌的篇章。汉唐丝绸之路的繁荣，使陇右河西之地成为中国历史上率先向西开放、融合中西方文明的前沿地区。在唐代文化高潮中，陇右的贡献巨大。两汉已降，内地汉族居民的大量迁入进一步加速了陇右民族融合的进程，加之丝绸之路荟萃于此，便行成了陇右文化的多元性、开放性特点。甘肃位于祖国西北内陆，与东中部发达地区相比，经济发展相对滞后，然而历史文化的积淀却十分丰厚。作为中华民族历史文化的重要发祥地之一，其文化存在，不仅仅限于丝绸之路遗存的历史文化。甘肃是中华民族重要的文化资源宝库，历史文化品位高雅、价值非凡、魅力永恒，不仅在全国，而且在世界上许多方面都享有盛誉：

——甘肃为黄河流域文化的渊薮之一，是中华文明的重要起源地之一。甘肃为羲皇故里，也是轩辕黄帝的发祥地之一；

——甘肃大地湾遗址最早距今7800年，最晚距今4800年，有3000年文化的延续，其规模之大、内涵之丰富，在我国考古史上亦属罕见；

——以甘肃省兰州一带为中心分布的齐家文化是黄河上游地区新石器时代晚期到青铜时代早期文化的代表；

——甘肃是国内保存彩陶类器物数量最多、品类最全、品位最高的省份，被冠有“彩陶之乡”的美称；

——甘肃是周人、秦人发迹、崛起之地。周人在陇东创造了我国的早期农业，以农耕兴；秦人从渭河上游和西汉水上游一带兴起，而后东进中原，建立了我国历史上第一个多民族大一统中央集权制国家；

——甘肃是我国历史上率先对外开放的地区，河西走廊堪称我国走向世界的第一条通道。我国历史上的对外开放可追溯至2100多年前张骞出使西域的“凿空”之举。随着丝绸之路的开通，位处西域门户的河陇得对外开放的风气之先，东西方文明在这里交融汇聚，西传东渐；

人头型器口彩陶瓶

天水麦积山 梁荷生 / 摄

——甘肃是享誉遐迩的文物大省。在漫长的历史发展中，陇原大地上留存下来了许多价值极高、饮誉全球的文物古迹和遗址名胜。如武威出土的铜奔马，完美无缺地塑造出了一个天马腾空的形象，轰动海内外，被确定为中国旅游标志；

——甘肃为世界上独一无二的、规模壮观的“石窟走廊”和“艺术长廊”。莫高窟、麦积山、榆林窟、马蹄寺、天梯山、炳灵寺等50多处石窟群，灿若繁星，辉耀于陇原大地。无论从石窟群和石窟数量，所存造像、壁画的规模，还是从其艺术、历史价值来看，不仅在国内无有及者，在世界上也难有其匹；

——甘肃是世界文化遗产万里长城所经的重要线段和现存长城长度最长、保存遗迹最多、形态结构最复杂、最能代表“长城文化”的地区。战国秦、汉、明三代长城至今仍绵延于陇原东西；敦煌玉门关及其附近的长城塞垣为我国汉长城中保存最完好、气势最雄伟的段落；明长城西端嘉峪关为万里长城全线中保存最完整、规模最宏大的关城，享有“边陲锁钥，长城主宰”之美誉；

——甘肃保存了一批造型精美、艺术和历史价值极高的寺院庙宇，在全国占有重要地位。拉卜楞寺是甘、青、川三省交界地区藏族宗教文化中心。始建于公元11世纪末的西夏皇家寺院张掖大佛寺，保存有中国最大的卧佛殿。武威白塔寺遗址更是祖国统一西藏的历史见证；

——甘肃现存古建筑较多。佛塔、钟楼、桥梁、宅院、牌坊、台基等应有尽有，异彩纷呈，许多建筑不仅在西北，而且在全国都是十分罕见的精品佳构；

▲《甘肃窟塔寺庙》

兰州大学敦煌学研究所教授、博导　李焰平
中共甘肃省委党校教授　赵颂尧　主编
中共甘肃省委党校主任、教授　关连吉
1999 年 9 月出版

◀《武威文物及其背后的故事》

武威市博物馆会计师、文博馆员　党菊红　著
2016 年 7 月出版

《甘肃石窟志》

敦煌研究院 甘肃省文物局 编

2011年12月出版

入选"十二五"国家重点图书出版规划项目

入选2011年度国家出版基金资助项目

荣获第四届中华优秀出版物（图书）提名奖（2012年）

《甘肃石窟志》为2011年度国家出版基金资助项目，内容涉及甘肃省各地现存的170余处石窟，既有对各石窟群及重要石窟形成的历史文化背景及其在中国文化、艺术史上的地位、影响等总体性问题的梳理，又有对各石窟群和石窟的始建年代、建筑形制、窟内遗存、壁画题材、艺术风格等具体问题的考证。全书图文并茂，有大量精美的洞窟照片与文字相映衬。

本书是迄今为止世界上第一本对甘肃石窟全貌进行系统梳理、翔实考证的学术著作，不仅填补了我国区域性石窟整体研究的一项空白，也为研究甘肃石窟提供了全面、客观的权威资料。

施萍婷

敦煌研究院敦煌遗书研究所原所长、研究员

《甘肃石窟志》全面记录了甘肃省境内的石窟遗迹。全书按地理位置由西到东的顺序，分别就敦煌莫高窟、炳灵寺石窟、麦积山石窟等各地的石窟群和重要石窟寺的相关情况做了记述。其内容涉及各石窟群及重要石窟的历史沿革、宗教背景、艺术成就，以及其在中国文化史与艺术史上的地位、影响等问题；全书配合文字穿插了大量的洞窟照片，并附有相关的统计表和地图。《甘肃石窟志》是第一部全面记录一个地域内石窟遗迹的大型工具书，为研究甘肃石窟提供了全面、客观的权威资料，具有填补空白的意义。

甘肃是我国石窟遗迹最多的省份之一，《甘肃石窟志》是在对甘肃全省石窟进行全面实地调查的基础上，汇总多年来对全省各地石窟研究的成果，并通过考古学、艺术史学等方面的深入研究而审慎记录完成的。其研究既吸取和借鉴了前人的研究成果，但又不囿于前人的结论。特别是在对洞窟的时代判断、壁画内容的确定方面，基于大量的第一手资料，《甘肃石窟志》一书中有着更为客观、科学的结论；同时，《甘肃石窟志》在编撰体例上也为同类志书的编写提供了参考。

赵声良

敦煌研究院副院长、研究员

虽然这些年出一本书也不是什么难事，但在出版社把这本沉甸甸的《甘肃石窟志》拿在手上，想到多少年的努力总算有一个结果了，不免一种欣慰和感慨油然升起。

还在 2005 年，因为受甘肃省文物局的派遣，开始调查甘肃石窟。有这样一个机会，当然是非常高兴的，于是带着考察小组一行五人就出发了。由于院里非常支持，派了一辆 TOYOTA 越野车，一路风驰，从河西跑到了陇东。

佛教石窟都是开凿在人迹罕至的山里，有的地方根本就没有路，全靠这进口的越野车把我颠来簸去，总算都能到达目的地。有时不免想，古代的佛教信徒们是多么的虔诚，那时别说是越野车了，恐怕能骑一头驴也算是十分奢侈的事吧，大多数情况还是靠自己的双脚一步一步地走到山中拜佛，更不用说最初那些工匠们是如何艰难地建造这些精美的石窟的。石窟考察，就在一边紧张地测绘、记录，一边不断地对古代艺术的惊叹声中愉快地进行。

从敦煌出发，我们先到了瓜州的东千佛洞，沿一条干枯的河两岸分布着十几个洞窟，我们在中午赶到现场，就钻进了洞窟，一直忙到夕阳西下，准备返回时，才发现洞窟后面有一片古老的胡杨林，在最后一抹夕阳中焕发着金色的光芒，是那样动人心魄。

马蹄寺石窟是最靠近祁连山脉的，也是气候较冷的地方，深秋的十月，远处山中已是白雪皑皑了。住在山上简陋的宿舍里，晚上还得加上火炉。从马蹄乡进入金塔寺，也是道路崎岖，在一片断崖下，远远就看到一道高高的台阶直通悬崖上的石窟，后来查了有关记录才知道那一道石梯竟有二百多级台阶。当我们完成记录，从石窟内出来时，遥望远处蓝天映衬着祁连雪山，那种高入云端、无限清爽之感，真是无法形容。

在炳灵寺，我们登上最高处的第 169 窟，仔细寻找那些古老的壁画遗迹。偶然回首，才感觉到自己是在百米高的悬崖上，不由自主地靠向窟内。这种感觉在拉梢寺石窟也遇到过一次。拉梢寺大佛的西崖有一些佛像仿佛悬在空中，虽然有栈道通往上面，但因太危险，一般不向游人开放。我们要考察，当然必须上去。由于长期较少有人上去，栈道十分陈旧，特别是最上一层木质栈道，走上去不免摇摇晃晃，我们就在这摇晃中完成了拍照和记录。知道很险，栈道也很窄，一直不敢往下看。等下到地面回头一看，才感到头皮发麻，那崖面并不是笔直成 90 度，而是向外倾斜出十几度，真的是悬在空中的感觉。

相比之下，合水县的保全寺石窟就不算什么了，几个小窟悬在十来米高的崖面上，但我发现石窟之上还似乎有一些小的佛像雕刻，就想上去看看，攀着岩壁而上，突然发现自己身体已不是那么轻盈，动作也不是那么利索了。站在崖上十来公分宽的一点斜坡，禁不住腿有些打颤。真是岁月不饶人啊！

虽然艰难险阻不断，但那段时间大家都很开心。每天都有新的发现，新的收获。考察完后，又投入到查阅资料，进行写作的工作中。由于大家干劲十足，我们很快就写出了初稿。当然经过专家审稿，也获得了不少修改意见。又反复修改，到最后定稿，已花费两年时间。可是，完稿之后，就被放在某些机构的柜子里闲置起来了。就这样又过了两三年。总觉得这些实地调查而写出的东西不应该白费，应该拿出来发挥它的作用才行。最后只好找樊院长，才把《甘肃石窟志》列入敦煌研究院学术文库来出版。把书稿交到出版社后，出版社非常重视这部书，把它推荐为“十二五”国家重点图书出版规划项目，并得到国家出版基金的支持。虽说从写作完成到最后出版经历了很多曲折，拖延了很多时间，但是今天能够看到这部书以如此精美的形式出版，足以令人欣慰。相信这本书一定会在佛教文化、石窟艺术研究等方面发挥它的作用。

《金塔居延遗址与丝绸之路历史文化研究》

中共金塔县委、金塔县人民政府、酒泉市文物管理局、甘肃简牍博物馆、甘肃敦煌学学会　编

2014 年 12 月出版

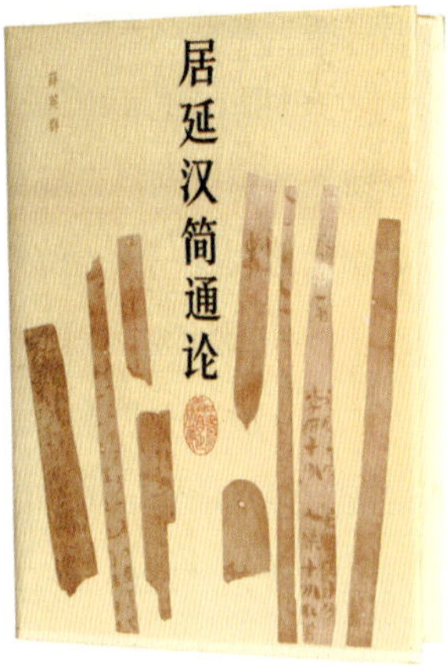

《居延汉简通论》

原甘肃省考古研究所研究员　薛英群　著

1991 年 5 月出版

——自1907年甘肃简牍首次发现迄今一百多年来，甘肃境内先后出土了各时代汉文、佉卢文、藏文简牍6万余枚，数量居全国之首，学术价值之高，一直备受世界瞩目。其中居延汉简的出土，与敦煌藏经、殷墟王陵被世人并称为20世纪东方文明最伟大的发现；

——甘肃历史上一直为兵家必争之地，又是屏蔽关中、中原的门户和中央王朝势力强盛之时向西发展的重要根据地。历代王朝大都把河陇作为整个西北地区的战略支撑点，十分重视对河陇的经营开拓，以致唐代出现了“天下称富庶者无如陇右”的盛况；

——甘肃是我国也是世界上古城遗址保存数量最多、类型最复杂、时代序列最齐全、出土物相当丰富的地区。它们是我国古代文明具有权威性的历史标本和物化载体，是古丝绸路上留存的一笔丰厚的历史遗迹；

——甘肃境内的古墓葬、墓群很多，为全国所罕见。礼县大堡子山秦公墓地是秦始皇几代先祖的墓葬群，规模宏大，规格同于帝王；嘉峪关、酒泉等地的魏晋壁画墓群，保存彩绘砖墓画近千幅，成为轰动中外的“地下画廊”；

——甘肃境内岩画、碑石、摩崖石刻等众多，在全国同样具有重要地位。甘肃岩画是我国北方岩画的重要组成部分，被称为留在石头上的“史诗长卷”，具有很高的考古研究和临摹鉴赏价值；

——甘肃的古代文化曾独领风骚，为祖国的历史发展做出了特殊的重要贡献。如十六国时期天下动乱，而河西因位处偏僻、山河阻隔，未受或少受中原战乱波及，大批珍贵学术典籍和发达的中原文化得以在河西保存、发展；

——甘肃历史上是祖国许多民族繁衍生息之地和民族大迁徙、大融合的舞台，曾为中华民族各民族的交往、团结和发展做出了历史性贡献。多民族的共同开发建设，赋予甘肃历史文化多元的内涵和民族浑融的斑斓色彩；

西狭颂碑及部分碑文

《高台魏晋墓与河西历史文化研究》
中共高台县委 高台县人民政府 甘肃敦煌学会
敦煌研究院文献所 河西学院 编
2012年4月出版

——甘肃的非物质文化遗存十分丰富，且颇具特色，为我国拥有世界“非遗”项目最多的地区之一。广泛流传于陇原大地的花儿和皮影已成功列入世界非物质文化遗产名录；

——悠久辉煌的历史，必然造就一代代英才俊杰，陇右自古多名流，江山代有才人出。有如李广、霍去病、吴玠那样忠心耿耿的战将，如王符、皇甫谧、牛弘、邢澍、张澍那样学识广博的学者，如窦融、张议潮等维护祖国统一的功臣，如李白、李益、李贺、李梦阳等杰出的诗家；

——甘肃不仅有丰富多彩的民族民俗文化，甘肃的革命历史文化和现代文化也同样引人注目。甘肃曾是陕甘宁边区的重要组成部分，红军长征的足迹几乎遍布甘肃全境，著名的西路军曾在河西浴血奋战。目前全省革命文物景点有300多处，各级博物馆收藏的革命文物近万件。

《敦煌与丝绸之路学术文丛》

（共十二册）

主编／俄军　杨富学

入选华夏文明传承创新区古（典）籍整理出版项目

《敦煌与丝绸之路学术文丛》是一套综合性学术研究丛书，共12册，内容涉及丝绸之路出土文物考古研究、民族与宗教研究、民族历史文化及语言文字研究、丝路重镇变迁与古代社会生活及信仰研究、出土简牍与中西交通研究、石窟艺术研究等。和以往的有关丝绸之路文化方面的论著相比，本丛书有自身个性，即特别注重西北少数民族文献与地下考古资料，在充分掌握大量最新、最前沿的研究动态和学术成果的基础上，在内容的选取和研究成果方面具有一定的权威性和前沿性。丛书也力求创新，注重学科的多样性和延续性，其中的各分册图书在该学术研究领域都有一定的创新性。“文丛”最主要特点是将“大敦煌学”与“大丝路文化”的概念结合起来进行学术研究，涉及面广，学术成果新。

俄军

原甘肃省博物馆馆长

杨富学

敦煌研究院民族宗教文化研究所所长

研究员

甘肃学术资源丰富，然而就其在国际学术界的影响而言，无疑应首推敦煌学、丝绸之路史和少数民族历史文化，三者可并称为拉动甘肃学术研究走向世界的“三驾马车”。甘肃教育出版社长期以来一贯坚持“立足本地、传承文化、追求特色、出版精品”的原则和方针，先后推出了大量优秀的敦煌学、丝绸之路史和少数民族历史文化方面的研究著作，引起了国内外学术界的广泛关注与推重。这套《敦煌与丝绸之路学术文丛》的策划与出版，正是该社突出“敦煌文化”与“丝路研究”主导思想的具体体现，这些选题又都和丝路沿线纷繁复杂的民族历史文化问题息息相关。这 12 册图书只是国内敦煌与丝路文化的部分成果，我们今后还将进一步通过出版续编的方式逐步完善。

《敦煌与丝绸之路学术文丛》

《丝绸之路民族文献与文化研究》

原敦煌研究院院长　樊锦诗
西北民族大学教授　才让　著
敦煌研究院民族宗教文化研究所所长、研究员　杨富学
2015年4月出版

《敦煌悬泉置出土文书研究》

甘肃省文物考古研究所研究员　张俊民　著
2015年11月出版

《回鹘学译文集新编》

敦煌研究院民族宗教文化研究所所长、研究员　杨富学　著
2015年5月出版

《元代畏兀儿历史文化与文献研究》

西华师范大学教授　王红梅
敦煌研究院民族宗教文化研究所所长、研究员　杨富学　著
2015年4月出版

▶《丝绸之路民族货币研究》

原甘肃省博物馆馆长　俄军　著

2015 年 10 月出版

▶《简牍学论稿——聚沙篇》

甘肃省文物考古研究所研究员　张俊民　著

2014 年 4 月出版

◀《佛教石窟与丝绸之路》

龙门石窟研究院研究员　张乃翥　著

2014 年 4 月出版

◀《信仰与生活——唐宋间敦煌社会诸相探赜》

甘肃财经大学敦煌商业文化研究所所长　著

甘肃敦煌学学会副会长　高启安

2014 年 4 月出版

《敦煌与丝绸之路学术文丛》

《秦州文史研究》

天水师范学院历史文化学院教授 刘雁翔 著

2014年11月出版

《丝绸之路文物考古研究》

原甘肃省博物馆馆长 俄军 著

2015年10月出版

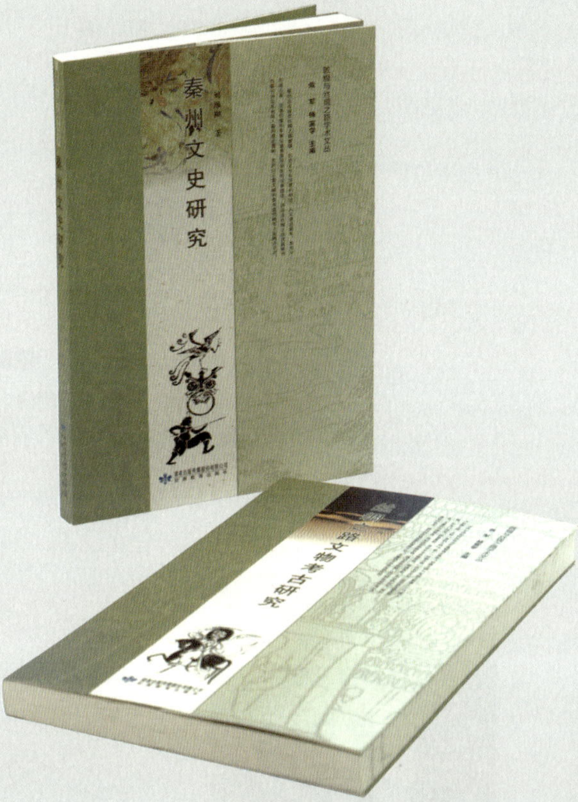

《西域敦煌宗教论稿续编》

敦煌研究院民族宗教文化研究所所长、研究员 杨富学 著

2015年4月出版

《宁夏境内丝绸之路文化研究》

宁夏社会科学院历史研究所所长 薛正昌 著

2014年6月出版

丝绸之路黄金段

丝绸之路，是随着中国和西方的商旅贸易和文化交流活动而产生的。丝绸之路开辟的起因并不是在于商贸，它最初只是为了满足西汉王朝军事斗争和国家战略的需要。随着长城修筑、战争平息及经济的发展，特别是在张骞打通了通往西方的外交之路，把新奇的西方见闻带回中国，西方国家的使者和商人也相继来到中国的情况下，这条连系着古代东西方文化及商旅贸易的路便诞生了。

西汉时期，由张骞首次打通的丝绸之路被称为“凿空之旅”，西汉末年，在匈奴的袭扰下，丝绸之路中断。公元73年，东汉班超又重新打通隔绝58年的西域，并将这条路线首次打通延伸到了欧洲，到了罗马帝国。在通过这条漫漫长路进行贸易的货物中，中国的丝绸最具代表性，“丝绸之路”因此而得名。

丝绸之路，通常是指欧亚大陆北部的商路，与南方的茶马古道形成对比。丝绸之路，概括地讲，是自古以来，从东亚开始，经中亚、西亚进而联结欧洲及北非的这条东西方交通线路的总称。

丝绸之路，在世界史上有重大的意义。这是亚欧大陆的交通动脉，是中国、印度、希腊和伊斯兰文化深入交汇的桥梁。

丝绸之路不仅是古代亚欧互通有无的商贸大道，还是促进亚欧各国和中国的友好往来、沟通东西方文化的友谊之路。历史上一些著名人物，如出使西域的张骞、投笔从戎的班超、永平求法的佛教东渡、西天取经的玄奘，他们的故事都与这条路有关。

丝绸之路在张骞时代开启，经东汉班超又一次长达30年的出使西域及工作，使丝绸之路形成今天的规模：东起长安（今西安，东汉由洛阳起始），经陕西、甘肃、宁夏、青海、新疆，跨越葱岭（今帕米尔高原），经中亚部分的独联体、阿富汗、伊朗、伊拉克、叙利亚而达地中海东岸，全长7000多公里。

《嘉峪关与丝绸之路历史文化研究》
中共嘉峪关市委宣传部、甘肃省历史学会 编
2015年9月出版

▼《中国古代体育图录》

上海交通大学体育系系主任、体育科研所所长、教授、博士生导师　孙麒麟
上海交通大学体育系体科所副所长、教授　毛丽娟　著
兰州理工大学丝绸之路文史研究所所长　李重申
2015 年 5 月出版

丝绸之路通过甘肃全境，甘肃丝绸之路总长1655公里，占据中国境内丝绸之路总长的五分之二。武威、张掖、酒泉、敦煌成为经济文化十分繁荣的国际性贸易城市，整个河陇地区农桑繁盛、士民殷富。《资治通鉴》称唐天宝年间的甘肃“闾阎相望，桑麻翳野，天下称富庶者无如陇右”。

丝绸之路上的甘肃也因这条黄金大道的长期通畅和对外的相对开放，在东西方物质和文化交流中扮演了重要的角色，整整繁荣了10个世纪。

甘肃是闻名于世的丝绸之路黄金路段和枢纽地带，是世界上四大文化体系的汇流之区，是中西经济文化交流不可替代的桥梁。丝绸之路及其丰富的文化遗存是甘肃历史文化资源中最富优势、最具光彩和魅力的品牌，相信在新时期，丝绸文化必将在甘肃、在全国乃至在世界大放异彩。

事实上，整个陇右是丝绸古道上中国与西方文化、中原与少数民族文化大交流大融合的舞台。这种交融虽以唐代为甚，却绝不限于唐代，而贯穿于古代历史的全过程。

丝绸之路是沟通古代中西方政治、经济、文化和思想的一条大动脉，也是原始的国际旅游“源生带”。 丝绸之路中国段长达4000公里，沿途有兵马俑、法门寺、敦煌莫高窟等历史文化古迹以及青海湖、罗布泊雅丹地貌、天池等壮丽多样的自然景观，吸引着大批来自全世界的游客。

《丝绸之路体育图录》
深圳职业技术学院教授 李金梅
兰州理工大学丝绸之路文史研究所所长 李重申 著
2008年4月出版

《敦煌与丝绸之路石窟艺术》丛书

（共二十册）

主编／郑炳林

《敦煌与丝绸之路石窟艺术》丛书由兰州大学敦煌学研究所所长郑炳林教授主编，由兰州大学、四川大学、敦煌研究院、成都博物院等单位的20余位作者编著。

本丛书以敦煌与丝绸之路沿线的敦煌石窟群、河西石窟群、陇中石窟群、陇右石窟群、陇南石窟群、龟兹石窟群、川北石窟群等石窟群为研究对象，一方面有意识地将丝路沿线星罗棋布的石窟寺联系起来，将其作为一个整体进行研究，以期建立其内在的逻辑关系；另一方面又有对石窟寺和“原创性”洞窟的个案探究，以便精准地从整体上把握丝路艺术。可以说，本丛书对丝绸之路石窟的研究是全方位、多角度、多层次的，既有对前辈学者研究成果的继承，更有在占有新材料、使用新方法基础上的创新和发展，其中不乏令人耳目一新的新观点、新结论；部分著作更是在一些极为冷僻的、以往不为学界所关注的领域独辟蹊径，开拓出了新的研究天地。

郑炳林

兰州大学敦煌学研究所所长
兰州大学历史文化学院教授

丝绸之路是中西文明交流永恒的通途，也是连接中外的一条艺术之路。西域地区的音乐舞蹈、佛教艺术都是通过这条道路传入中国的。隋代“九部乐”、唐代“十部乐”中的西凉、高昌、龟兹、疏勒、康国、安国、天竺等风格的乐舞都来自于西域地区，也都是通过这条路线进入中原地区的，特别是《西凉乐》，就是《龟兹乐》与传入河西的中原古乐融合之后形成的一种乐舞。佛教壁画艺术和雕塑艺术通过丝绸之路进入中原，形成自己特色后又回传到河西、敦煌及西域地区。丝绸之路石窟众多，各有特色，著名的有麦积山石窟、北石窟、南石窟、大像山石窟、水帘洞石窟、炳灵寺石窟、天梯山石窟、马蹄寺石窟、金塔寺石窟、文殊山石窟、榆林窟、莫高窟、西千佛洞等。祆教艺术通过粟特人的墓葬石刻被保留了下来，沿着丝绸之路和粟特人聚落分布于古代天水、长安等商贸城市。体现中原文化特色的墓葬壁画艺术，也分布于丝绸之路上的河西走廊沿线和吐鲁番地区。文化的交融和碰撞通过艺术内容和风格充分体现出来，所以将丝绸之路称之为艺术之路一点也不为过，反而更能体现出它的特色。

丝绸之路沿线星罗棋布地分散着大大小小的石窟殿堂，让人叹为观止。丝绸之路把古代印度地区、中亚地区，我国的新疆地区、甘青宁地区、中原地区、东北地区乃至朝鲜半岛和日本都串联了起来。如果说石窟殿堂是耀眼的珍珠，那么丝绸之路就像一条线，经过它的串接，亚欧大陆的颈项上出现了一副华美的璎珞，耀眼而又迷人。千百年以来，丝绸之路及其沿线的石窟殿堂以其独特的气质和魅力，吸引着来自世界各地一代又一代的学者，前赴后继，投身于相关的研究领域。

敦煌与丝绸之路石窟艺术一直都是教育部人文社科重点研究基地兰州大学敦煌学研究所多年来研究的主要内容。30 多年来，我们不但有一批专家持之以恒坚持石窟考古和石窟艺术研究，同时我们还培养了一批从事石窟艺术研究的博硕研究生和留学生，他们在这个领域做出了卓越的贡献。1980 年我们创办了中国大陆首家敦煌学专业刊物《敦煌学辑刊》，截至 2015 年年底已经发行了 90 期，石窟艺术研究专栏连同敦煌文献研究、敦煌历史地理研究等版块共同构成了刊物内容的主体，已然成为国内石窟艺术研究成果发布的重要平台。2008 年沙武田博士学位论文《敦煌画稿研究》获得该年度全国百篇优秀博士学位论文提名奖；《吐蕃统治时期敦煌石窟研究》进入《国家哲学社会科学成果文库》。与此同时，为了对敦煌与丝绸之路石窟艺术研究进行梳理和总结，兰州大学敦煌学研究所启动了《丝绸之路石窟研究文库》项目。其中《天水麦积山石窟研究论文集》《永靖炳灵寺石窟研究论文集》和《河西陇右石窟研究论文集》已经陆续出版，龟兹地区和陕西地区石窟研究论文集正在收集、整理过程之中。这种工作虽然基础，耗费人力和物力，但若能对学界研究有所裨益，也是我们最大的荣光。

结合目前学术研究动态，兰州大学敦煌学研究所启动了“敦煌与丝绸之路石窟艺术”丛书项目，研究内容涵盖甘肃省境内的大部分石窟，既有石窟群整体性的研究，又有石窟个案研究；一方面，多层次地透视丝绸之路石窟艺术文化的博大精深，另一方面，紧抓学术研究前沿，集中体现了未来丝绸之路石窟艺术研究的方向。

一、石窟艺术专题研究

学界在过去 50 多年中进行了大量基础的测绘调查和壁画内容考释，这种研究基本上是以单个题材壁画为重点，按照时间顺序或者空间划分来对某种特定题材进行考察。这项研究是基础。无数前辈已经为我们做出了榜样。本套丛书中的《敦煌石窟彩塑艺术概论》则是一个新的案例。该书以敦煌石窟彩塑为主要研究对象，同时涉及中国其他石窟的雕塑。其结合洞窟建筑、壁画，以时代为线索，展示出了敦煌石窟彩塑独特的艺术魅力。此类研究还包括《敦煌石窟中的少数民族服饰研究》《敦煌藏经洞出土绘画品研究史》《敦煌隋代石窟壁画样式与题材研究》《北周石窟造像研究》《甘肃省博物馆藏北朝石刻造像研究》等等。

二、石窟艺术与社会历史研究

石窟艺术与社会历史研究丝丝相扣。对于敦煌石窟而言，藏经洞出土的敦煌遗书，包括记录敦煌社会开窟造像的功德记、敦煌历史人物的邈真赞等，都是不可或缺的研究材料。史苇湘先生的《敦煌社会历史与莫高窟艺术》提出敦煌本土文化论和石窟皆史论，成功运用艺术社会学研究敦煌石窟，这种研究方法意在最大程度地把莫高窟考古资料和藏经洞遗书结合起来，还原敦煌社会历史。本丛书中的《敦煌阴氏与莫高窟研究》就是运用石窟与文献相结合的方法，在石窟营建史的背景下对阴氏家族开凿或参与开凿的 7 个洞窟进行全面研究，从而分析阴家窟所反映出来的佛教思想、佛教功能以及社会和艺术功能。

三、佛教洞窟与寺院仪轨的综合研究

丝绸之路佛教寺院中的壁画造像题材，不同于博物馆藏品，它没有像藏品一样脱离原来的空间关系。这就为学者通过壁画造像所在的空间位置探索古代佛教仪轨提供了可能。本套丛书中的《天水麦积山石窟北朝佛教艺术研究》《马蹄寺石窟群汉传佛教艺术研究》《陇东地区北朝佛教造像研究》等主要研究对象集中于甘肃北朝洞窟，其综合造像内容、佛教经典以及中古时期寺院仪轨，系统阐释了图像与寺院生活的密切关系。这一研究方向是未来石窟艺术研究方向之一。

四、洞窟个案研究

专题性研究是基础，不过其弊端也清晰可见。这种研究割裂了一个洞窟之中壁画和壁画、壁画和塑像之间的互动关系。而实际上所有的造像题材都是一个有机的整体，它们共同诠释了主尊乃至整个洞窟的造像设计理念，同时也反映了洞窟背后的历史信息。因此，我们在过去数十年工作的基础上，将某一特定洞窟的诸种壁画造像题材作为一个整体进行研究，这也是未来丝绸之路佛教艺术研究的大势所趋。本套丛书就包含了莫高窟第 61 窟、第 100 窟、第 454 窟、麦积山第 127 窟以及瓜州榆林窟第 25 窟的个案研究。这些成果选取特定历史时期极富代表性的洞窟作为研究对象，全面透视洞窟设计理念，深层次构建了石窟艺术发展史。

五、特定历史时期、特定区域图像的普查与研究

随着新资料的不断公布以及学者对洞窟历史背景认识的加深，部分特定阶段的佛教洞窟研究有待再探讨。本丛书《敦煌十六国至隋石窟艺术》《川北佛教石窟和摩崖造像研究》和《吐蕃统治时期敦煌密教研究》即属于此类。以敦煌为例，学者们认为，敦煌石窟的晚期，由于西藏后弘期佛教的兴起和广泛流传，敦煌石窟营造被推进到了一个崭新的时期。目前随着藏语文献的整理和藏学研究队伍的壮大，学界对敦煌中唐到元代的历史有了更深的认识，原来对敦煌藏传佛教艺术认知需要重新架构。如本丛书中的《吐蕃统治时期敦煌密教研究》就对相关问题做了探讨，整理了与吐蕃统治敦煌时期密教有关的大量文献与图像资料，对汉藏文献以及图像做了初步的分类与对比，讨论了吐蕃时期敦煌密教与其他信仰的关系，总结了中唐密教在整个敦煌密教发展史上的里程碑意义。

丛书以丝路沿线石窟整体为研究对象，既注重梳理其内在的逻辑关系，又注重对个别石窟的重点探究，以开放的、广阔的研究视野，重新审视西到龟兹，东到天水、西安，西南到川北的石窟寺遗址，探索石窟艺术风格的发展演变。

丛书主要汇集了兰州大学敦煌学研究所近年在敦煌与丝绸之路研究方面的最新成果，希望借此出版机会倾听学界的批评和指正。

《敦煌与丝绸之路石窟艺术》丛书

▶《敦煌十六国至隋石窟艺术》
敦煌研究院副研究员　顾淑彦　著
2016 年 10 月

▶《敦煌莫高窟第 100 窟研究》
大足石刻研究院副研究员　米德昉　著
2016 年 10 月出版

▶《敦煌石窟中的少数民族服饰研究》
清华大学美术学院　谢静　著
2016 年 10 月出版

▶《麦积山石窟初期洞窟调查与研究》
兰州大学敦煌学所教授、博导　魏文斌　著
2017 年 3 月出版

▶《川北佛教石窟和摩崖造像研究》
成都博物馆副研究馆员　雷玉华
金沙遗址博物馆陈列部副主任　罗春晓　著
广元千佛崖石刻艺术博物馆馆长　王剑平
2016 年 10 月出版

▶《文殊堂：曹元忠时代佛教文化与视觉形象个案研究》
广州美术学院副教授　邹清泉　著
2016 年 10 月出版

《敦煌与丝绸之路石窟艺术》丛书

《天水麦积山第 127 窟研究》

天水麦积山石窟艺术研究所副研究员　孙晓峰　著

2016 年 10 月出版

《敦煌莫高窟第 454 窟研究》

敦煌研究院副研究馆员　郭俊叶　著

2016 年 10 月出版

《北周石窟造像研究》

甘肃省文物考古研究所副研究员　吴荭　著

2017 年 1 月出版

《敦煌藏经洞出土绘画品研究史》

兰州大学教育学院副教授　袁婷　著

2016 年 10 月出版

《吐蕃统治时期敦煌密教研究》

敦煌研究院副研究员　赵晓星　著

2017 年 3 月出版

《敦煌阴氏与莫高窟研究》

敦煌研究院副研究员　张景峰　著

2017 年 3 月出版

《敦煌石窟彩塑艺术概论》

兰州大学敦煌学研究所所长、兰州大学历史文化学院教授　郑炳林　著

敦煌研究院副研究员　张景峰

2016 年 10 月出版

黄沙吹老了岁月 吹不断我的思念

百年来，在甘肃大地出土的为数众多的彩陶、大量的秦汉简牍、敦煌藏经洞发现的数万卷古文书以及分布全省各地灿若群星的佛教石窟艺术、河西魏晋墓葬内容丰富的彩绘砖画……无不一旦被发现，便产生了震惊世界的巨大影响。

甘肃地区这些极具特色的文化群落是构成中国文化整体的重要组成部分。它们的重要发现，正在为我们揭去宋、元以来的衰退蒙在陇右文化面上的尘垢与面纱，从而让我们得以重新认识陇右文化的厚重底蕴、宽阔襟怀，把握陇右文化沉雄的脉搏和奇异风采。

穿越历史时空，领悟敦煌文化灿烂辉煌的同时，我们对更好地整理、保护和弘扬敦煌文化充满信心。我们将和您一起探求这开发至早、渊源之深的文化之流何以变化之大，前盛而后衰？在干旱的黄土、戈壁之下，寻找重新喷涌的泉脉……

站在历史的门槛，仿佛听到了从久远的历史深处传来不绝于耳的驼铃声，这声音是那样铿锵有力、清脆悦

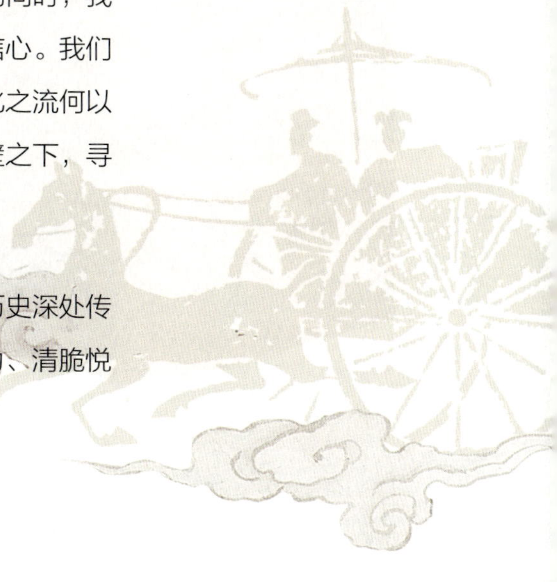

耳，声声不断，始终敲响在中华民族每个炎黄子孙的心坎上；我们也依稀看到了一望无垠的大漠里东西方商旅团队不顾黄沙漫天、毅然前行的忙碌身影！再看！驼队的步伐是那样执着坚定、信心满满……

历史发展到今天，丝绸之路（敦煌）国际文化博览会已列入国家“一带一路”发展规划。古丝绸之路与国家“一带一路”建设交相辉映，相得益彰，而敦煌文化是沟通历史与现实真实的历史文化桥梁。进入新的历史时期，西部大开发的号角越发嘹亮，西部振兴的步伐催人奋进。

2016年8月，丝绸之路（敦煌）国际文化博览会在甘肃敦煌成功举办，这座古老的历史文化名城向世人集中展示了新时代的青春活力，它必将以崭新的姿态和宽广的胸怀接纳并吸收新的历史文化元素，更加有力地托起和延续它千年的辉煌……

《从长安到雅典——丝绸之路古代体育文化》
上海交通大学体育系系主任、体育科研所所长、教授、博士生导师 孙麒麟
上海交通大学体育系体科所副所长、教授 毛丽娟 著
兰州理工大学丝绸之路文史研究所所长 李重申
2017年1月出版

展望未来

ZHANWANG WEILAI

“我向往中国的大西部，还有一个原因，是我坚信伟大的中华民族必定会强盛！……从历史来看，我们国家偏重东南已经很久了，这样众多的人口，这样伟大的民族，岂能久虚西北？回思汉、盛唐世，无不锐意经营西部，那么现在正是到了全面开发大西部的关键时刻了！因此，我们应该为开发大西部多做点学术工作，多做点调查工作。”

——冯其庸《瀚海劫尘》

很欣慰，二十多年过去了，冯老的话早已变成了现实。冯老的话语与我们心灵相通：从历史优秀文化中寻找面向未来的力量，从传统优秀文化中汲取发展的营养，这是我们每一个文化工作者孜孜追求的。

甘肃是一个历史文化积淀厚重的地方，又是敦煌的故乡，关注和弘扬地方文化，尤其是敦煌文化，打造高精专、原创敦煌文化类图书既是我们的神圣职责，也是我们打造特色出版、塑造品牌的必由之路。

“十二五”期间，甘肃教育出版社策划出版了包括《敦煌讲座》书系（21册）、《敦煌与丝绸之路学术文丛》（12册）、《敦煌与丝绸之路石窟艺术》丛书（20册）、《华夏文明之源·历史文化》丛书（23册）、《甘肃石窟志》等十多个项目上百种重点图书。

2016年是“十三五”开局之年，我们策划的《西域汉语通行史》入选国家2016年度国家出版基金项目；《敦煌与丝绸之路石窟艺术》丛书于2016年10月陆续付梓。“十三五”期间，我们将陆续推出《国际敦煌学研究文库》（100册）、《敦煌通史》（7册）、《俄藏敦煌文献叙录》（“十三五”国家重点图书出版规划项目、2016年甘肃省古籍整理暨精品出版项目）、《归义军时期敦煌石窟考古研究》（2016年甘肃省古籍整理暨精品出版项目）、《向达敦煌与丝绸之路学术文集》、《敦煌学术史》等更多精品图书。

“千淘万漉虽辛苦，披尽黄沙始到金。”多年来，我们在敦煌学和地方文化、传统文化等方面辛勤耕耘，赢得了社会的一致赞誉和肯定：《陇文化丛书》（10册）荣获第十二届中国图书奖；《藏族文化发展史》（上、下册）

荣获中宣部第八届精神文明建设“五个一工程·一本好书”奖；《三礼研究论著提要》荣获第十三届中国图书奖；《敦煌学研究》丛书（12册）荣获第十四届中国图书奖；《国际敦煌学丛书》荣获首届中华优秀出版物（图书）奖；《走近敦煌》丛书（12册）荣获第二届中华优秀出版物（图书）奖，并入选新闻出版广电总局第二届“三个一百”原创图书出版工程和“经典中国国际出版工程”项目；《北魏政治史》（10册）荣获第三届中华优秀出版物（图书）提名奖；《甘肃石窟志》荣获第四届中华优秀出版物（图书）提名奖；《敦煌讲座》书系荣获第五届中华优秀出版物（图书）奖；等等。

东汉应邵注《汉书》记载：“敦，大也，煌，盛也。”唐代李吉甫编的《元和郡县图志》进一步发挥道：“敦，大也。以其广开西域，故以盛名。”《纸中敦煌》于甘肃教育出版社出版的精品图书中精选出代表性图书，并采撷出精彩片段，配以一幅幅生动的画面和一段段鲜活的文字，足以让人体会到敦煌的盛大气象！希望在品读敦煌文化的同时，充分感受甘肃教育出版社的形象、气质和精神，展开联想的翅膀，期待未来，迎接我们给您带来新惊喜！

◆陇文化丛书·凤鸣陇山——甘肃民族文化	关连吉		1999.07
◆陇文化丛书·古冢丹青——河西走廊魏晋墓葬画	林少雄		1999.07
◆陇文化丛书·洪荒燧影——甘肃彩陶的文化意蕴	林少雄		1999.07
◆陇文化丛书·劫尘遗珠——敦煌遗书	黄 征	程惠新	1999.07
◆陇文化丛书·旷古逸史——陇右神话与古史传说	范三畏		1999.07
◆陇文化丛书·说苑奇葩——晋唐陇右小说	邵宁宁	王晶波	1999.07
◆陇文化丛书·西塞雄风——陇右长城文化	薛长年		1999.07
◆陇文化丛书·竹木春秋——甘肃秦汉简牍	王震亚		1999.07
◆陇文化丛书·瀚海驼铃——丝绸之路的人物往来与文化交流	杨晓霭		1999.07
◆陇文化丛书·梵宫艺苑——甘肃石窟寺	董玉祥		1999.07
◆走近敦煌·丝路明珠——敦煌	郑炳林	李 军	2008.07
◆走近敦煌·国宝流散——藏经洞纪事	王冀青		2007.12
◆走近敦煌·华戎交汇——敦煌民族与中西交通	荣新江		2008.09
◆走近敦煌·三危佛光——莫高窟的营建	王惠民		2007.12
◆走近敦煌·艺苑瑰宝——莫高窟壁画与彩塑	赵声良		2007.12
◆走近敦煌·箫管霓裳——敦煌乐舞	王克芬	柴剑虹	2007.12
◆走近敦煌·盛世遗风——敦煌的民俗	谭蝉雪		2008.09
◆走近敦煌·旨酒羔羊——敦煌的饮食文化	高启安		2009.02
◆走近敦煌·开蒙养正——敦煌的学校教育	郑阿财	朱凤玉	2007.12

◆走近敦煌 · 遗响千年——敦煌的影响	刘进宝	2007.12
◆走近敦煌 · 忘忧清乐——敦煌的体育	李重申　李金梅	2007.12
◆走近敦煌 · 石室写经——敦煌遗书	郝春文	2007.12
◆敦煌学研究丛书 · 敦煌壁画乐舞研究	郑汝中	2002.09
◆敦煌学研究丛书 · 敦煌历史与莫高窟艺术研究	史苇湘	2002.12
◆敦煌学研究丛书 · 敦煌蒙书研究	郑阿财　朱凤玉	2002.12
◆敦煌学研究丛书 · 敦煌俗文学研究	张鸿勋	2002.09
◆敦煌学研究丛书 · 敦煌吐鲁番天文历法研究	邓文宽	2002.09
◆敦煌学研究丛书 · 敦煌学史事新证	陈国灿	2002.09
◆敦煌学研究丛书 · 敦煌学通论	刘进宝	2002.09
◆敦煌学研究丛书 · 敦煌学新论	荣新江	2002.09
◆敦煌学研究丛书 · 敦煌与中西交通研究	孙修身	2002.09
◆敦煌学研究丛书 · 敦煌语言文字学研究	黄　征	2002.12
◆敦煌学研究丛书 · 印度到中国新疆的佛教艺术	贾应逸　祁小山	2002.09
◆敦煌学研究丛书 · 中外敦煌学家评传	陆庆夫　王冀青	2002.12
◆敦煌讲座 · 敦煌佛教与石窟营建	王惠民	2013.11
◆敦煌讲座 · 回鹘与敦煌	杨富学	2013.11
◆敦煌讲座 · 敦煌石窟艺术总论	赵声良	2013.11
◆敦煌讲座 · 敦煌历史地理	郑炳林　李　军	2013.11

精品荟萃 JINGPIN HUICUI

◆敦煌讲座 · 敦煌文献避讳研究	窦怀永	2013.11
◆敦煌讲座 · 敦煌的吐蕃时代	陆　离	2013.11
◆敦煌讲座 · 敦煌佛典的流通与改造	林世田　杨学勇　刘　波	2013.11
◆敦煌讲座 · 敦煌书仪与礼法	吴丽娱	2013.11
◆敦煌讲座 · 敦煌变文	李小荣	2013.11
◆敦煌讲座 · 敦煌道经与中古道教	刘　屹	2013.11
◆敦煌讲座 · 敦煌三夷教与中古社会	姚崇新　王媛媛　陈怀宇	2013.11
◆敦煌讲座 · 敦煌的归义军时代	冯培红	2013.12
◆敦煌讲座 · 敦煌写本文献学	张涌泉	2013.12
◆敦煌讲座 · 于阗与敦煌	荣新江　朱丽双	2013.12
◆敦煌讲座 · 敦煌文学总论	伏俊琏	2013.12
◆敦煌讲座 · 敦煌的博物学世界	余　欣	2013.12
◆敦煌讲座 · 敦煌的佛教与社会	郝春文　陈大为	2013.12
◆敦煌讲座 · 敦煌佛教文学	郑阿财	2013.12
◆敦煌讲座 · 敦煌占卜文献与社会生活	王晶波	2013.12
◆敦煌讲座 · 敦煌丝绸	赵　丰　王　乐	2013.12
◆敦煌讲座 · 敦煌文献与中古教育	屈直敏	2013.12
◆国际敦煌学丛书 · 斯坦因与日本敦煌学	王冀青	2004.12
◆国际敦煌学丛书 · 斯坦因第四次中国考古日记考释	王冀青	2004.12

◆敦煌学专题研究丛书 · 敦煌边塞文学研究	邵文实	2007.04
◆敦煌学专题研究丛书 · 敦煌变相与变文研究	于向东	2009.01
◆敦煌学专题研究丛书 · 敦煌民俗 ——丝路明珠传风情	谭蝉雪	2006.06
◆敦煌学专题研究丛书 · 敦煌图像研究——十六国北朝卷	贺世哲	2006.06
◆敦煌学专题研究丛书 · 敦煌学和科技史	王进玉	2011.04
◆华夏文明之源历史文化丛书 · 多彩风情——甘肃民俗	封 尘	2015.03
◆华夏文明之源历史文化丛书 · 李梦阳	郝润华 吴 娱	2014.12
◆华夏文明之源历史文化丛书 · 李益	郝润华 王燕飞	2014.12
◆华夏文明之源历史文化丛书 · 皇甫谧	雷恩海 路 尧	2014.12
◆华夏文明之源历史文化丛书 · 史不绝书的五凉文化	赵向群	2014.12
◆华夏文明之源历史文化丛书 · 神秘的河陇西夏文化	于光建	2014.12
◆华夏文明之源历史文化丛书 · 高原泾水间的先周文化	彭金山	2014.12
◆华夏文明之源历史文化丛书 · 邓春兰	何端中	2014.12
◆华夏文明之源历史文化丛书 · 范仲淹的陇右情结	张冀震	2014.12
◆华夏文明之源历史文化丛书 · 杜甫陇上萍踪	刘雁翔	2014.12
◆华夏文明之源历史文化丛书 · 范长江陇原行	张金凤	2015.06
◆华夏文明之源历史文化丛书 · 张芝	刘云鹏	2014.12
◆华夏文明之源历史文化丛书 · 飞天花雨下的佛陀微笑	赵声良	2015.01
◆华夏文明之源历史文化丛书 · 藏经洞打开了百年悲欢	王睿颖	2015.12

◆华夏文明之源历史文化丛书·千年凿击而成的顶尖神话——莫高窟	王惠民			2014.12
◆华夏文明之源历史文化丛书·寓陇诗人的悲喜记忆	冉耀斌			2015.12
◆华夏文明之源历史文化丛书·左宗棠与近代甘肃社会	赵维玺			2016.01
◆华夏文明之源历史文化丛书·秦早期文明追迹	陶兴华			2016.10
◆华夏文明之源历史文化丛书·古代陇右传奇作家	王晶波			2016.07
◆华夏文明之源历史文化丛书·张澍	柴多茂			2016.10
◆华夏文明之源历史文化丛书·流光溢彩——甘肃传统美术	封　尘			2016.10
◆华夏文明之源历史文化丛书·佛光照耀下的三危山	魏健鹏	沙武田		2017.06
◆华夏文明之源历史文化丛书·绿洲上的乐舞	王克芬	柴剑虹		2015.07
◆敦煌与丝绸之路学术文丛·佛教石窟与丝绸之路	张乃翥			2014.04
◆敦煌与丝绸之路学术文丛·简牍学论稿——聚沙篇	张俊民			2014.04
◆敦煌与丝绸之路学术文丛·信仰与生活——唐宋间敦煌社会诸相探赜	高启安			2014.04
◆敦煌与丝绸之路学术文丛·宁夏境内丝绸之路文化研究	薛正昌			2014.06
◆敦煌与丝绸之路学术文丛·西域敦煌宗教论稿续编	杨富学			2015.04
◆敦煌与丝绸之路学术文丛·元代畏兀儿历史文化与文献研究	王红梅	杨富学		2015.04
◆敦煌与丝绸之路学术文丛·回鹘学译文集新编	杨富学			2015.05
◆敦煌与丝绸之路学术文丛·丝绸之路民族文献与文化研究	樊锦诗	才　让	杨富学	2015.04
◆敦煌与丝绸之路学术文丛·丝绸之路文物考古研究	俄　军			2015.10
◆敦煌与丝绸之路学术文丛·丝绸之路民族货币研究	俄　军			2015.10

◆敦煌与丝绸之路学术文丛 · 敦煌悬泉置出土文书研究	张俊民		2015.11
◆敦煌与丝绸之路学术文丛 · 秦州文史研究	刘雁翔		2014.11
◆敦煌与丝绸之路石窟艺术丛书 · 敦煌石窟彩塑艺术概论	郑炳林	张景峰	2016.10
◆敦煌与丝绸之路石窟艺术丛书 · 敦煌十六国至隋石窟艺术	顾淑彦		2016.10
◆敦煌与丝绸之路石窟艺术丛书 · 敦煌石窟中的少数民族服饰研究	谢　静		2016.10
◆敦煌与丝绸之路石窟艺术丛书 · 敦煌藏经洞出土绘画品研究史	袁　婷		2016.10
◆敦煌与丝绸之路石窟艺术丛书 · 敦煌莫高窟第 454 窟研究	郭俊叶		2016.10
◆敦煌与丝绸之路石窟艺术丛书 · 敦煌莫高窟第 100 窟研究	米德昉		2016.10
◆敦煌与丝绸之路石窟艺术丛书 · 敦煌阴氏与莫高窟研究	张景峰		2017.03
◆敦煌与丝绸之路石窟艺术丛书 · 吐蕃统治时期敦煌密教研究	赵晓星		2017.03
◆敦煌与丝绸之路石窟艺术丛书 · 川北佛教石窟和摩崖造像研究	雷玉华	罗春晓　王剑平	2016.10
◆敦煌与丝绸之路石窟艺术丛书 · 北周石窟造像研究	吴　荭		2017.01
◆敦煌与丝绸之路石窟艺术丛书 · 天水麦积山第 127 窟研究	孙晓峰		2016.10
◆敦煌与丝绸之路石窟艺术丛书 · 文殊堂：曹元忠时代佛教文化与视觉形象个案研究	邹清泉		2016.10
◆敦煌与丝绸之路石窟艺术丛书 · 麦积山石窟初期洞窟调查与研究	魏文斌		2017.03
◆敦煌与丝绸之路石窟艺术丛书 · 北朝—隋时期敦煌法华图像研究	张元林		2017.09

◆敦煌与丝绸之路石窟艺术丛书 · 敦煌莫高窟索义辩窟研究　李金娟　2017.10

◆敦煌与丝绸之路石窟艺术丛书 · 敦煌佛教与石窟营建　王惠民　2017.10

◆敦煌与丝绸之路石窟艺术丛书 ·
马蹄寺石窟群汉传佛教洞窟造像研究　张善庆　2018 年出版

◆敦煌与丝绸之路石窟艺术丛书 · 陇东地区北朝佛教造像研究　董华锋　2018 年出版

◆敦煌与丝绸之路石窟艺术丛书 ·
甘肃省博物馆藏北朝石刻造像研究　俄玉楠　2018 年出版

◆敦煌与丝绸之路石窟艺术丛书 ·
敦煌隋代石窟壁画样式与题材研究　杨郁如　2018 年出版

◆河西史研究　齐陈骏　1989.12

◆敦煌本佛说十王经校录研究　杜斗城　1989.12

◆中外著名敦煌学家评传　陆庆夫　郭　锋　王冀青　1989.12

◆敦煌地理文书汇辑校注　郑炳林　1989.12

◆犍陀罗佛教艺术　[英] 约翰 · 马歇儿著　王冀青译　1989.12

◆居延汉简通论　薛英群　1991.05

◆敦煌学述论　刘进宝　1991.12

◆敦煌碑铭赞辑释　郑炳林　1992.07

◆河西开发研究·古代卷	吴廷桢　郭厚安	1993.09
◆河西开发史研究	吴廷桢　郭厚安	1996.10
◆敦煌莫高窟史研究	马　德	1996.12
◆陇右文化丛谈	胡大浚	1998.07
◆甘肃窟塔寺庙	李焰平　赵颂尧　关连吉	1999.09
◆敦煌藏文吐蕃史文献译注	黄布凡　马　德	2000.06
◆河西历史人物诗话	张永鍾	2002.02
◆走进西部甘肃	张　华	2006.12
◆丝绸之路体育图录	李金梅　李重申	2008.04
◆丝绸之路体育文化论集（续）	兰州理工大学	2009.02
◆敦煌演义	李金寿	2009.10
◆舞论——王克芬古代乐舞论集	王克芬	2009.10
◆别样西部	茆　琛	2010.02
◆敦煌莫高窟北区石窟研究（上、下册）	彭金章	2011.04
◆敦煌古代体育图录	李重申　李金梅　陈小蓉	2011.07
◆敦煌艺术论著目录类编	王晓玲　李　茹	2011.12
◆甘肃石窟志	敦煌研究院　甘肃省文物局	2011.12
◆文化甘肃	高亚芳等	2012.02
◆高台魏晋墓与河西历史文化研究	中共高台县委等	2012.04

精品荟萃 JINGPIN HUICUI

◆敦煌吐蕃统治时期石窟与藏传佛教艺术研究	樊锦诗	2012.09
◆金塔居延遗址与丝绸之路历史文化研究	中共金塔县委等	2014.12
◆中国古代体育图录	孙麒麟 毛丽娟 李重申	2015.05
◆敦煌佛教感通画研究	张小刚	2015.08
◆河西走廊	《河西走廊》摄制组	2015.08
◆嘉峪关与丝绸之路历史文化研究	中共嘉峪关市委宣传部 甘肃省历史学会	2015.09
◆敦煌的故事	王文琴	2016.02
◆感通敦煌——佛教传播中的神异故事	张小刚 / 文 宋利良 / 图	2016.07
◆金城兰州	《金城兰州》摄制组	2016.07
◆武威文物及其背后的故事	党菊红	2016.07
◆敦煌学 · 丝绸之路考古研究——杜斗城教授荣退纪念文集	段小强 李 丽	2016.08
◆ 2014 敦煌论坛：敦煌石窟研究国际学术研讨会论文集（上、下册）	敦煌研究院	2016.12
◆西域汉语通行史	马克章	2016.12
◆从长安到雅典——丝绸之路古代体育文化	孙麒麟 毛丽娟 李重申	2017.01
◆丝绸之路岁时节日民俗体育图录	李小唐 林 春 李重申	2017.01
◆汉译佛经中的本生故事	王慧慧	2017.08
◆归义军时期敦煌石窟考古研究	沙武田	2017.09
◆俄藏敦煌文献叙录	邰惠莉 马德郭 俊叶等	2017.10

参考文献

1. 胡大浚 . 陇右文化丛谈［M］. 兰州 ：甘肃教育出版社，1998.

2. 林少雄 . 古冢丹青 ：河西走廊魏晋墓葬画［M］. 兰州 ：甘肃教育出版社，1999.

3. 安邕江 . 甘肃史话丛书——酒泉史话［M］. 兰州 ：甘肃文化出版社，2007.

4. 张立胜 . 人文甘肃——物华天宝 · 博物馆卷［M］. 兰州 ：敦煌文艺出版社，2010.

5. 王惠民 . 敦煌讲座书系——敦煌佛教与石窟营建［M］. 兰州 ：甘肃教育出版社，2013.

6. 王克芬，柴剑虹 . 华夏文明之源——绿洲上的乐舞［M］. 兰州 ：甘肃教育出版社，2015.

7.《如意甘肃大观》编委会 . 如意甘肃［M］. 兰州 ：甘肃人民美术出版社，2016.